文化自信，从阅读开始

“文化自信与中国现当代文学·中学生读本”
编委会

“百部好书”扶持项目
GUANGDONG PUBLISHING

文化自信与中国现当代文学·中学生读本

为谁风露立中宵

陈希 黎小敏◎主编

青少年
品质阅读精选
语言·思维
审美·文化

广东高等教育出版社
Guangdong Higher Education Press
·广州·

图书在版编目（CIP）数据

为谁风露立中宵/陈希，黎小敏主编．—广州：广东高等教育出版社，2020.8（2021.3 重印）
（文化自信与中国现当代文学：中学生读本/蒋述卓，陈剑晖，贺仲明主编）
ISBN 978－7－5361－6771－1

Ⅰ.①为…　Ⅱ.①陈…②黎…　Ⅲ.①阅读课－中学－课外读物
Ⅳ.①G634.333

中国版本图书馆 CIP 数据核字（2019）第 092364 号

书　名　为谁风露立中宵
WEI SHEI FENGLU LI ZHONGXIAO
出版发行　广东高等教育出版社
地址：广州市天河区林和西横路　电话：（020）87554153
http://www.gdgjs.com.cn
印　刷　佛山市浩文彩色印刷有限公司
开　本　787 毫米×1 092 毫米　16 开
印　张　9.25
字　数　157 千
版　次　2020 年 8 月第 1 版　2021 年 3 月第 2 次印刷
定　价　36.00 元

写在前面

作为一个编辑，我经常感叹文学的世界浩瀚如大海，书太多，而时间太少。作为一个母亲，我又经常困惑这么多书，该怎么选，读哪些书，才能让孩子在繁重课业之外挤出的阅读时间，读得有品质；怎么读，才能对他的阅读和写作能力提升有所帮助。同时我还非常苦恼，如何与处于叛逆期的孩子对话，建立沟通。众所周知，中学阶段是人的人生观、世界观、价值观以及思维方式、创造能力和审美能力形成的关键时期，而这些能力却绝非朝夕可成。很多家长即使意识到其重要性，但多半也不知从何入手，如何引导。

基于以上，我们尝试从中华文化精神的角度来做一套适合这一年龄段孩子阅读的书。

怎么选？我们遵循“循序渐进”、由浅到深、从近到远的原则。按照情感发展规律，即个人—家庭—国家（民族）—世界的思路精选12个专题。先侧重从中学生的日常生活、身边事物、自信自尊自强、诚实守信，以及文化人格塑造，如何对待爱情友谊，如何增强忧患意识，将个人的“小家”与国家的“大家”统一起来等方面着手。后由“小”到“大”，由“内”及“外”，由“近”及“远”，从个人、自我、家庭延伸到信仰、理想主义与英雄主义、天人合一、人类共同价值观，以及汉语文化、逻辑思维和创造性思维等。

我们首创“学术主编+教学主编”的编写模式，由知名高校学术主编与中学一线教研员、中学语文名师组成的教学主编，以现当代作家名作名篇为基础，围绕自尊自信自强、亲情与爱情等12个专题选择篇目，并以“中华文化精神”贯穿之，精挑细选，匠心打造，体裁涵盖散文、小说、杂文、诗歌、报告文学等文学样式。同时以入选的各篇目的通用版本为底本，撰写导读和作品赏读。编者悉心解读，所撰写的细腻、隽永的文字，引领我们步进文学的殿堂，领略文学之美，值得珍藏。

阅读是一种力量，在这里有300多位中国现当代名家，跨越时空，通过文学的形式，与我们的孩子对话，以想象性、形象性和情感性的文学作品深入孩子内心，通过共鸣，因感受而唤醒孩子自身的精神诉求，进而有意识地构建精神家园。这些作品一旦进入孩子的生命，就会成为其情感和审美结构的一部分，并在最深的意义上构成“自我”。在这纷扰的世界上，孩子无论是认识世界还是面对人生，都能保持正确的世界观、价值观、人生观，以及看问题的大局观。

同时我们特地邀请了各地几十所学校广播站的同学朗读选文作品。不一定是字正腔圆的专业朗读，但这些有感情、有温度的同龄人的声音一定能打动内心，扫码即可用耳朵“悦”读。

在编辑过程中，我们针对青少年的阅读心理和阅读习惯，按照现代出版规范对选文进行了处理，对部分选文做了删减。

在此还要向各选文的作者致以诚挚的敬意，是他们用自己伟大的思想和精湛的文字，为青少年一代提供了思想的源泉和振翅的境界。我们已委托中国文字著作权协会代理稿酬事宜，一并致谢。

希望这套书能够让我们的孩子从繁重的课业和纷杂的电子游戏中走出来，在文学的港湾憩息，感受到文学的力量并得到丰厚的滋养，从中获得面对未知的好奇、追逐梦想的激情、拥抱生活的热情、直面坎坷的勇气和击败困难的力量。

目录

众里寻他千百度

无可奈何花落去

柳暗花明又一村

吾将上下而求索

众里寻他千百度

导读

信仰是人类特有的一种精神心理现象，是人们价值观念的一种基本形式，是人类在生活实践中对某种观念或对象的信奉，并以此作为自己精神寄托的一种强烈的情感诉求。总的来说，信仰可以分为两种：一种是跟宗教有关的思想理念，即宗教信仰；另一种是跟宗教无关的、非宗教人士看待未知宇宙与生命万物的人生态度及其体现的价值观，即世俗信仰。本部分所涉及的信仰既有宗教信仰，又有与宗教信仰相对应的世俗信仰，包括原始巫术信仰、宗教神学信仰、集体政治信仰、个人文化信仰及社会民众的公共精神信仰等多种形态。

本部分以“众里寻他千百度”为主题，旨在通过中西对比探讨中华民族为什么长久以来宗教信仰薄弱，而中华文明却仍能源远流长、常而为新。本部分5篇选文以时间为顺序探讨了这个问题。其中，蔡元培在《以美育代宗教说》中分析了宗教所倚靠的三种作用（知识、意志与情感），并揭示了宗教之所以存在的理由大抵是“一种历史上之习惯”，进而提出了“以美育代宗教说”；江河的《太阳和他的反光（组诗）》在对十二组上古神话的再创作中，沟通传统与现代，以期重新唤醒现代民族精神；范稳的《水乳大地（节选）》将现实与宗教相糅合，展示了一个多民族混居、多文化融合、多宗教交流的藏东地区；熊育群的《獦獠的佛性》以六祖惠能的求佛之路凸显“瑶獠杂居之地”岭南不受儒家规矩制约却仍能焕发无穷能量的重要原因——众生平等信念，即人是为着自由生活而活；易中天的《中华文明的过去、现在与未来》则通过中西对比凸显中华文明的优势与不足，揭示历史转型期出现的价值虚无及道德败坏问题，继而强调文化或文明层面转型的重要性。

其实，从古到今，中国人一天也没有失去过信仰。诚然，与西方相比，中国的宗教信仰薄弱是不争的事实。但需要明确的是，在中国，一切人文性的东西并没有完全明晰的界限，最典型的莫过于“文史哲不分家”之说，即在中国，哲学（或智识）和信仰具有一体性与重合性。

综上，中国人不是缺乏信仰，而是缺乏西方的一神教信仰。在中国，信仰是一个复合式、连续性的精神指引。无论是《以美育代宗教说》《太阳和他的反光（组诗)》中的个人文化信仰，还是《水乳大地（节选)》《獢獠的佛性》中的宗教信仰，抑或是《中华文明的过去、现在与未来》中的公共精神信仰，都说明信仰在中国一直存在且不断更新。美国著名学者丹尼尔·贝尔认为，任何一种文化权威的体现都需要一个中心，“哪里有中心，哪里的人就能在紧张的相互作用下造成活跃的气氛和竞相努力的集中效果，哪里的文化就会欣欣向荣”。这个中心就是信仰，一种全社会信奉的最高信念，这一信念无疑将成为人的主心骨，构成人类精神家园的内核，使中国超稳固的文化格局得以长久维持。

同理，信仰在个人奋斗中也发挥着极其重要的作用。假如人的生活中没有了信仰，人生也就失去了前进方向，生活就会感到空虚且没有实际的意义。而如果始终有一个坚定的信仰，人们在前进的道路上便会有明确的目标和不竭的动力，进而才能实现人生价值，体悟生命真谛。正如习近平总书记在会见未成年人思想道德建设工作先进代表时发表的讲话那样，只有锲而不舍地抓好未成年人的精神文明建设，才能实现“人民有信仰，民族有希望，国家有力量”的中国梦。因此克服信仰危机，重新确立真、善、美的崇高地位尤为重要，信仰的建立在当代文化建设及中学生教育中有着重大的意义。

作品

以美育代宗教说

——在北京神州学会演说词①

蔡元培

兄弟于学问界未曾为系统的研究，在学会中本无可以表示之意见。惟既承学会诸君子责以讲演，则以无可如何中，择一于我国有研究价值之问题为到会诸君一言，即“以美育代宗教”之说是也。

夫宗教之为物，在彼欧西各国，已为过去问题。盖宗教之内容，现皆经学者以科学的研究解决之矣。吾人游历欧洲，虽见教堂棋布，一般人民亦多入堂礼拜，此则一种历史上之习惯。譬如前清时代之袍褂，在民国本不适用，然因其存积甚多，毁之可惜，则定为乙种礼服而沿用之，未尝不可。又如祝寿、会葬之仪，在学理上了无价值，然戚友中既以请帖、讣闻相招，势不能不循例参加，藉通情愫。欧人之沿袭宗教仪式，亦犹是耳。所可怪者，我中国既无欧人此种特别之习惯，乃以彼邦过去之事实作为新知，竟有多人提出讨论。此则由于留学外国之学生，见彼国社会之进化，而误听教士之言，一切归功于宗教，遂欲以基督教劝导国人。而一部分之沿袭旧思想者，

① 选自《蔡元培全集：第三卷》（中华书局 1984 年版），有改动。蔡元培（1868—1940），浙江绍兴人。著有《蔡元培自述》《中国伦理学史》。

则承前说而稍变之，以孔子为我国之基督，遂欲组织孔教，奔走呼号，视为今日重要问题。

自兄弟观之，宗教之原始，不外因吾人精神作用而构成。吾人精神上之作用，普通分为三种：一曰知识；二曰意志；三曰感情。最早之宗教，常兼此三作用而有之。盖以吾人当未开化时代，脑力简单，视吾人一身与世界万物，均为一种不可思议之事。生自何来？死将何往？创造之者何人？管理之者何术？凡此种种，皆当时之人所提出之问题，以求解答者也。于是有宗教家勉强解答之。如基督教推本于上帝，印度旧教则归之梵天，我国神话则归之盘古。其他各种现象，亦皆以神道为惟一之理由。此知识作用之附丽于宗教者也。且吾人生而有生存之欲望，由此欲望而发生一种利己之心。其初以为非损人不能利己，故恃强凌弱，掠夺攫取之事，所在多有。其后经验稍多，知利人之不可少，于是有宗教家提倡利他主义。此意志作用之附丽于宗教者也。又如跳舞、唱歌，虽野蛮人亦皆乐此不疲。而对于居室、雕刻、图画等事，虽石器时代之遗迹，皆足以考见其爱美之思想。此皆人情之常，而宗教家利用之以为诱人信仰之方法。于是未开化人之美术，无一不与宗教相关联。此又情感作用之附丽于宗教者也。天演之例，由浑而昼。当时精神作用至为混沌，遂结合而为宗教。又并无他种学术与之对，故宗教在社会上遂具有特别之势力焉。

迨后社会文化日渐进步，科学发达，学者遂举古人所谓不可思议者，皆一一解释之以科学。日星之现象，地球之缘起，动植物之分布，人种之差别，皆得以理化、博物、人种、古物诸科学证明之。而宗教家所谓吾人为上帝所创造者，从生物进化论观之，吾人最初之始祖，实为一种极小之动物，后始日渐进化为人耳。此知识作用离宗教而独立之证也。宗教家对于人群之规则，以为神之所定，可以永远不变。然希腊诡辩家，因巡游各地之故，知各民族之所谓道德，往往互相抵触，已怀疑于一成不变之原则。近世学者据生理学、心理学、社会学之公例，以应用于伦理，则知具体之道德不能不随时随地而变迁；而道德之原理则可由种种不同之具体者而归纳以得之；而宗教家之演绎法，全不适用。此意志作用离宗教而独立之证也。

知识、意志两作用，既皆脱离宗教以外，于是宗教所最有密切关系者，惟有情感作用，即所谓美感。凡宗教之建筑，多择山水最胜之处，吾国人所谓天下名山僧占多，即其例也。其间恒有古木名花，传播于诗人之笔，是皆利用自然之美以感人者。其建筑也，恒有峻秀之塔，崇闳幽邃之殿堂，饰以精致之造像，瑰丽之壁画，构成黯淡之光线，佐以微妙之音乐。赞美者必有著名之歌词，演说者必有雄辩之素养，凡此种种，皆为美术作用，故能引人入胜。苟举以上种种设施而屏弃之，恐无能为役矣。然而美术之进化史，实亦有脱离宗教之趋势。例如吾国南北朝著名之建筑则伽蓝耳，其雕刻则造像耳，图画则佛像及地狱变相之属为多；文学之一部分，亦与佛教为缘。而唐以后诗文，遂多以风景人情世事为对象；宋元以后之图画，多写山水花鸟等自然之美。周以前之鼎彝，皆用诸祭祀。汉唐之吉金，宋元以来之名瓷，则专供把玩。野蛮时代之跳舞，专以娱神，而今则以之自娱。欧洲中古时代留遗之建筑，其最著者率为教堂，其雕刻图画之资料，多取诸新旧约；其音乐，则附丽于赞美歌；其演剧，亦排演耶稣故事，与我国旧剧“目莲救母”相类。及文艺复兴以后，各种美术，渐离宗教而尚人文。至于今日，宏丽之建筑，多为学校、剧院、博物院。而新设之教堂，有美学上价值者，几无可指数。其他美术，亦多取资于自然现象及社会状态。于是以美育论，已有与宗教分合之两派。以此两派相较，美育之附丽于宗教者，常受宗教之累，失其陶养之作用，而转以激刺感情。盖无论何等宗教，无不有扩张己教、攻击异教之条件。回教之穆罕默德，左手持《可兰经》，而右手持剑，不从其教者杀之。基督教与回教冲突，而有十字军之战，几及百年。基督教中又有新旧教之战，亦亘数十年之久。至佛教之圆通，非他教所能及。而学佛者苟有拘牵教义之成见，则崇拜舍利受持经忏之陋习，虽通人亦肯为之。甚至为护法起见，不惜于共和时代，附和帝制。宗教之为累，一至于此，皆激刺感情之作用为之也。

鉴激刺感情之弊，而专尚陶养感情之术，则莫如舍宗教而易以纯粹之美育。纯粹之美育，所以陶养吾人之感情，使有高尚纯洁之习惯，而使人我之见、利己损人之思念，以渐消沮者也。盖以美为普遍性，决无人我差别之见能参入其中。食物之入我口者，不能兼果他人之腹；衣服之在我身者，不能兼供他人之温，以其非普遍性也。美则不然。即如北京左近之西山，我游之，人亦游之；我无损于人，人亦无损于我也。隔千里兮共明月，我与人均不得而私之。中央公园之花石，农事试验场之水木，人人得而赏之。埃及之金字塔，希腊之神祠，罗马之剧场，瞻望赏叹者若干人，且历若干年，而价值如故。各国之博物院，无不公开者，即私人收藏之珍品，亦时供同志之赏览。各地方之音乐会、演剧场，均以容多数人为快。所谓独乐乐不如人乐乐，与寡乐乐不如与众乐乐，以齐宣王之惛，尚能承认之。美之为普遍性可知矣。且美之批评，虽间亦因人而异，然不曰是于我为美，而曰是为美，是亦以普遍性为标准之一证也。

美以普遍性之故，不复有人我之关系，遂亦不能有利害之关系。马牛，人之所利用者，而戴嵩所画之牛，韩干所画之马，决无对之而作服乘之想者。狮虎，人之所畏也，而卢沟桥之石狮，神虎桥之石虎，决无对之而生搏噬之恐者。植物之花，所以成实也，而吾人赏花，决非作果实可食之想。善歌之鸟，恒非食品。灿烂之蛇，多含毒液。而以审美之观念对之，其价值自若。美色，人之所好也；对希腊之裸像，决不敢作龙阳之想；对拉飞尔若鲁滨司之裸体画，决不敢有周昉秘戏图之想。盖美之超绝实际也如是。且于普通之美以外，就特别之美而观察之，则其义益显。例如崇闳之美，有至大至刚两种。至大者如吾人在大海中，惟见天水相连，茫无涯涘。又如夜中仰数恒星，知一星为一世界，而不能得其止境，顿觉吾身之小虽微尘不足以喻，而不知何者为所有。其至刚者，如疾风震霆，覆舟倾屋，洪水横流，火山喷薄，虽拔山盖世之气力，亦无所施，而不知何者为好胜。夫所谓大也，刚也，皆对待之名也。今既自以为无大之可言，无刚之可恃，则且忽然超出乎对待之境，而与前所谓至大至刚者肸合而为一体，其愉快遂无限量。当斯时也，又岂尚有利害得丧之见能参入其间耶！其他美育中，如悲剧之美，以其能破除吾人贪恋幸福之思想。《小雅》之怨悱，屈子之离忧，均能特别感人。《西厢记》若终于崔、张团圆，则平淡无奇；惟如原本之终于草桥一梦，始足发人深省。《石头记》若如《红楼后梦》等，必使宝、黛成婚，则此书可以不作；原本之所以动人者，正以宝、黛之结果一死一亡，与吾人之所谓幸福全然相反也。又如滑稽之美，以不与事实相应为条件。如人物之状态，各部分互有比例。而滑稽画中之人物，则故使一部分特别长大或特别短小。作诗则故为不谐之声调，用字则取资于同音异义者。方朔割肉以遗细君，不自责而反自夸。优旃谏漆城，不言其无益，而反谓漆城荡荡，寇来不得上，皆与实际不相容，故令人失笑耳。要之，美学之中，其大别为都丽之美，崇闳之美（日本人译言优美、壮美）。而附丽于崇闳之悲剧，附丽于都丽之滑稽，皆足以破人我之见，去利害得失之计较，则其所以陶养性灵，使之日进于高尚者，固已足矣。又何取乎侈言阴骘、攻击异派之宗教，以激刺人心，而使之渐丧其纯粹之美感为耶。

赏析

《以美育代宗教说》是1917年4月8日蔡元培先生在北京神州学会的演说词，这篇演说词先后刊载于《新青年》第3卷第6号，以及《学艺》杂志第1卷第2号，后辑入《蔡子民先生言行录》。在这篇演说词中，蔡元培提出了著名的“以美育代宗教”的主张，将美育提升到了与德育、智育、体育同等重要的地位，其主要观点如下：

第一，宗教是过时的教育。蔡元培认为宗教起源于人类的三种精神作用，即知识的需求、意志的愿望与情感的需要，且这三种作用常常兼而有之。关于世界的本原、人的生死等问题，人们无法用现有知识来回答，只能诉诸宗教；关于人的善恶意志问题，宗教通过教会以利他主义的戒律教育支配人们的意志，教育教民奉献爱心；关于人的情感问题，宗教将原始歌舞、绘画等纳入宗教仪式之中，利用美感活动诱发人们对宗教的信仰。但随着社会文化的进步，科学解答了日星现象、地球缘起、植物分布、人种差别等古人觉得不可思议的问题后，知识作用便逐渐脱离宗教而独立为科学教育；伦理学、哲学的不断发展又打破了宗教神定的不变道德，由此，意志作用也逐渐脱离宗教；美术、音乐等亦有脱离宗教的趋势。由此，蔡元培得出结论：宗教的教育功能已经过时，之所以没有完全灭绝，大抵只是“一种历史上之习惯”。

第二，宗教与美育的内在联系。蔡元培敏锐地发现，随着社会的进步、科学的发展，虽然知识和意志逐渐与宗教脱离，但宗教通过建筑、音乐与舞蹈等艺术还与美育结合在一起，通过情感迷狂而产生影响，利用艺术感染力引人信教。在他看来，“宗教上被认为尚有价值的，只有美育的原素了”，而美育与宗教又有分合两种情况、“莫如舍宗教而易以纯粹之美育”。这里的美育应该是一种基于与宗教密切相关的情感或美感教育。

第三，美育能够代替宗教。蔡元培认为，宗教之所以能长存于社会，靠的是艺术美感对情感的涤荡与慰藉。而美育又与宗教有分合两派：附丽于宗教的美育常常受宗教所累，张扬人的攻击本能，盲目宣泄激情；而纯粹的美育则“陶养吾人之感情，使有高尚纯洁之习惯，而使人我之见、利己损人之思念，以渐消沮者也”，纯粹的美有助于陶养性灵，美的普遍性和超脱性可以引导人进行“伟大而高尚”的行为，即审美具有使人类从自然状态向道德状态发展的桥梁作用，故可替代宗教。

其实，早在1912年，作为民国政府第一任教育总长，蔡元培就曾将美育列入国家的教育方针，在《对于教育方针之意见》中，他把美育视为世界观教育的重要途径。那么，为什么直至1917年，蔡元培才在北京神州学会上正式提出“以美育代宗教说”？1917年，正值新文化运动蓬勃发展之际，西方文化成为积极知识分子改造国民性、振兴民族的主要资源。由于传教士的宣传，知识分子看到了西方宗教对西方道德与文化所起的突出作用，基于此，一部分知识分子提出了“宗教救国论”，他们或欲以基督教指导国人，或欲发展儒家学说、发展孔教。但蔡元培深知西方宗教弊端，因此，在民主与科学的大旗帜之下，提出了“以美育代宗教说”，将美育作为国民教育、社会改造的重要手段并终其一生身体力行来践行这个教育理念。

虽然“以美育代宗教说”有脱离社会实际，无法确定美育、艺术与宗教本质区别等历史局限性。但在五四那个重估一切、旧破新未立的时代，此主张在一定程度上有填补人生价值真空的意义：用美育重建国人的信仰，实现人道主义的理想，使国人破除迷信与愚昧，摆脱麻木，从而达到改造国民性、实现思想启蒙的目的。即使在当下，美育在文化建设和教育工作中也有着不容忽视的重要作用。尤其在市场经济条件下，有助于防止经济急速增长的同时普遍出现的精神文化危机，如拜金主义、道德理想滑坡等现象，充分发挥陶冶性情、完善人格、净化灵魂、改造社会的功能。

作品

太阳和他的反光（组诗）[1]

江　河

开　天

蜷曲着
一张古老的弓
被悠悠的漫长的时间拉紧
混沌的日子，幽闭
而无边

巨大的黑色的蚌喘息着张开
黏稠喑哑的弦缓缓拉直开始颤动
他的胸脯渐渐展宽郁闷地变蓝
他的心将离他而去
辽远的目光在早上醒来

晴朗的快感碧波万里

① 选自《太阳和他的反光》（人民文学出版社 1987 年版）。江河，1949 年生，北京人，原名于友泽，新时期朦胧诗的代表诗人之一。著有诗集《从这里开始》《太阳和他的反光》。

喷吐着泡沫，筑起岛屿的蜂巢
柔情蜜意地歌唱太阳

而大地如此粗糙

他伏在海洋空阔的案头
面对无字的帆，狂风不定的语言
珊瑚礁石互相吞噬的鱼
寂静凶狠地在他腹中鼓噪
海草卷上岸边，纷乱的心绪
缠进泥里，揉搓进沙子里
像卵石零星孵化的瑟缩的鸟雏
他渴望海鸥漫天袭来
把他啄食干净
带着他成千上万地遨游太空
这时浪头撕碎了他所有的梦境
太阳枕着的手臂抖起他的思想
火云蜂拥飞向大地

灰烬如墨，泼向江河、瀑布和松涛
他拂袖以雪原覆盖
点上孤独的足迹
安然睡去等候月色映出神圣的春天

补　天

她从遥远的地方走来
阳光间的谷穗一闪一闪
天空蓝色的拱顶归向太阳
水银的花蕊一群金蜂
宁静的空气欢悦得令人晕眩
她走过大地的殿堂

叶子围着她的腰
围着棕红的陶罐环舞
藤蔓悠悠一对光洁的果子
她的步态有如秋天

那酣畅的雾气始于神往
乌鸦蚀日，闪电咬噬着树木
夏天的洪水，赤裸的风暴
丛林燃烧，天空垂落

她如虹的手指轻扬滑过山腰
抚摸金黄的兽皮使白云点点
她炼石柔韧生辉，波纹返照
太阳像温驯的牝鹿卧在莽原
之后她舒展如歌，鸟雀
群栖巉岩安详地梳理羽毛
五彩缤纷地绣满了黄昏

她在近处隐没
谦逊地洗去遍身花朵
任叶子松软地平息身边
她仿佛住进永恒的房子
罐中的水声昼夜汩汩轻鸣
那里面像是浸着她的双脚
闲暇地搅动，水波圈圈散开
听鱼群神游正在贴向湖面

结　缘

一只幽蓝的葫芦，四个季节的水
漂泊使他俩再次相通
蒙蒙雨雾遮蔽了凶险

他们凭彼此的触摸
震荡中无知地登上山顶

这是一片圆形的平台
岩面渗出霜雪洁白如盐
边缘错落的禽蛋已成石头
松杉层层而下，白云上升
远处的群山似闪闪昆虫悄声细语
大地的居所仿佛无人住过
太阳孤临中天，一只饥饿的红蜘蛛
撒开丝丝光网，寻找仅存的生灵

他们脉脉伫立
微寒而茫然
四野星罗棋布的小湖铜鼓齐备
静伏的昆虫触须袅袅，云烟相探
林木细小的篝火已经点燃
被光捕获的时辰将临
透明的时辰将临
他们各自堆起身边的霜雪
岩石裸露变暖，白雪幽蓝燃烧
沿着光滑的禽蛋滴滴融化
汇合于春潮，鼓声由远及近
萌动了生机献给太阳

他们解开万物的网结抖散了光芒
太阳慈祥如镜复归圆满
照着他们在神秘的时刻清澈结缘
四个季节的水同时涌入金色的葫芦
悬挂在庭园

追　日

上路的那天，他已经老了
否则他不去追太阳
上路那天他作过祭祀
他在血中重见光辉，他听见
土里血里天上都是鼓声
他默念地站着扭着，一个人
一左　一右　跳了很久
仪式以外无非长年献技
他把蛇盘了挂在耳朵上
把蛇拉直拿在手上
疯疯癫癫地戏耍
太阳不喜欢寂寞

蛇信子尖尖的火苗使他想到童年
蔓延流窜到心里

传说他渴得喝干了渭水黄河
其实他把自己斟满了递给太阳
其实他和太阳彼此早有醉意
他把自己在阳光中洗过又晒干
他把自己坎坎坷坷地铺在地上
有道路有皱纹有干枯的湖

太阳安顿在他心里的时候
他发觉太阳很软，软得发疼
可以摸一下了，他老了
手指抖得和阳光一样
可以离开了，随意把手杖扔向天边
有人在春天的草上拾到一根柴禾

抬起头来　漫山遍野滚动着桃子

填　海

她和海水玩得正开心时
海把她收了去
让这瞬间的欢笑波光粼粼地展开
鸟困了梦见她
羽毛凌乱地裹起赤裸的身子
云在海上投下阴影

遗恨青春不能常在
她用翅膀扑打阳光
她用委婉的叫声把时辰弄弯
鸟儿徒劳无益地梦见了她

从此鸟把她带在心上
像一只篮子在光中摇荡
在透亮的林子里睡
从雾中醒来
教她于山海之间投掷发光的石子
溅开黎明敲响黄昏
中午圆满地安静下来
她梦见自己的身子成了洁白的石头

端庄地站在阳光里有多好
蓬松地在风中流动有多好

岩石裂开　果核裂开
她终于成了另一个，成了一只鸟
白羽毛　衔着光洁的石头
她飞得很高

像一个黑点儿，一个浮动的字
海平静地等着一个岛溅落

射　日

泛滥的太阳漫天谎言
漂浮着热气　如辞藻
烟尘　如战乱的喧嚣
十个太阳把他架在火上烘烤
十个太阳野蛮地将他嘲弄
他像群兽，围着自己逡巡

团团火焰的红色大弓
射中了他，穿过他的
生命、激情和奇遇
那破灭的年纪荡然烧成
一片沉寂的废墟
残存的石头上可辨模糊的训言：
去除虚妄的……勿浪费火
留有最后的太阳　唯一的珍宝

他起身做了他应该做的

如今他常无形地来到中午的原野
昆虫禽鸟掀动草波有如他徐行漫步
祝福火焰角斗中的见证者：
天上的太阳　地上的废墟
以光结盟
热力不得破坏。荒凉不得蔓延。
弓的神力悄然放松赋予花的开落
箭如别针闪闪布散于女人的头发
太阳吹奏号角像兵士巡礼蓝天

废墟披开残缺的经卷肃穆陈在大地

山巅的青崖　天空的极顶
太阳慢慢旋转
——饱满彤弓
永祭英雄辉煌的沉静

刑　　天

他战累了，躺在旷野休息
秋后的战场并不太冷
他的头葬在山里，鹰毛覆盖
光荣随鹰背苍茫远去

这个丑陋的怪物
四肢伸在干燥的土上
恍惚的记忆里他几次
清楚地看见自己
是斧剑铿锵的闪光
奇迹可能就是那时发生的
在闪光的中心
白天跳进太阳最后的抖动
鲜血喷薄的刹那
喉咙沉落肚脐
恼怒的乳头硬了
星星不过是石头
肚脐的嘴乳头的眼
缄默地张着
有如黑夜降临，威武而无声
他曾想过没了脑袋怎么办
他用庞大的身子想到这些
这胸脯起伏的经历

超过了头颅

峡谷的门关了
他看见一个人蠢笨地拨开荆棘
枝子上的花朵像雪白的空酒杯
落了一地
他躺下，睡了
血渗进干燥的土里
血飘忽地流回他的身体
光荣随河水滚滚流去
旷野弥漫着野兽轻微的呼吸

他身边的斧子、青铜的盾
蒙了水
以后的事情他没想
天上的月亮，很圆

斫　木

那被砍伐的就是他自己
他和树像两面镜子对视
只有一去一回的斧声
真实地哐哐作响
断了又接上砍了又生长
伤势在万籁俱寂的萌萌之夜
悠然愈合

无休无止的动作进入
树的枝叶和他绿色的血中
一千个月亮明明灭灭
他被虚构在天上
弃置在影子里

无为地摆动
把行进的锣幽深敲响

远在家乡的门于风中一开一合

那个人也许是我也许是吴刚
也许是月高风清的遥远颂歌
他们夜守孤灯独自创作
他们不知不觉
溶解在青铜的镜子里

女人们飞天过海
静静地梳头
一千个心绪拂过四季
隐现于松林间
雪雨纷扬，历历有声
大地上郁郁腾起树木
树身上的裂纹
仿佛被风砍过的痕迹

移　山

他已面临黄昏，他的脚印
形同落叶，积满了山道
他如山的一生老树林立
树根、粗藤紧抓住岩石
野花如雨溅上草丛
阳光总是那么平静

他身上有松脂和兽皮的气味
衣褶里鸟巢啾啾随风飘走
他面山而坐，与山对弈

已多年，此时太阳就要落下
他将把棋盘掷向夜空
一生磨亮的棋子普天高照
另一手臂会在黎明的天际显示
睡意惺忪地困惑于闪烁的僵局

他的话语像蚕丝微明铺展
安静得虫鸣清晰，他说：
把山移走。面对亲人们自言自语
而后，他在太阳的余晖中投下
山谷似的影子，踩出砺石磕碰的回声

谁也没有察觉他是在告别
把如山的一生重新翻起
布下丛林的火焰焚烧黄昏
让子孙叩石听到他年轻时的声音
脱出墓碑在大地的灵气中萦回
倒于海水的碎石再次磨光舒展在平滩
他不可穷尽的欲望将于日后的早晨
俯瞰人如万山涤荡
洗净烟云坦露千年之谜

遂　木

雪下了整整一夜
茅屋外小动物嘀嘀咕咕地交谈
那棵独自生长的老树显得矮多了
仿佛坐下来想事情
火红的树冠已经发白
清冷微光钻进窗棂
洒在粗糙的桌面
缝隙网络的根须暗暗蔓延

他的额头冰凉有如蒙蒙月亮
心里鸟巢一阵阵骚乱
毛茸茸的小鸟拱来拱去
从门缝挤着摇摇晃晃走向老树
象形文字的小爪爬满树身
它们攀上去咝咝地吃雪花
像是传来昆虫翅膀脆裂的响声
孩子们睡得正香
妻子的头发安详地伏在手臂
火花躲躲闪闪地燃烧起来
细碎的爆破声连成一片
满树的红角鸮
为老树彻夜加冕
它们怎么没去南方过冬呢
诡秘的眼睛问他
弯曲的喙啼声嘹亮
他忙把兽皮盖住腿
一股疲惫的南风吹过全身

屋檐的水滴敲着他的胃

他抓起一根树枝钻来钻去
蓝色的火苗轻柔蹿动
风中飘来烤鹿的味道
太阳像一只结实的橘子悬浮眼前
天已大亮
老树抖散头上火红的蝴蝶
一团团叶子流火般纷纷坠落

息　壤

他手中的这块黄土

坚实得像一粒小麦
他把它装进陶罐
铃裆似地系在腰间
清脆的响声金光四溅
钟由此而来
吊在云间的山由此而来
他的葬礼就此开始
一步一步牵着太阳
像带着他的狗
走向安歇的晚上

求雨的人群曾蒙满大地
大地涨满洪水
洪水的胃揉搓着人群
他砸碎盗来的黄土
如碾过熟透了的麦子
愤然撒向水中
他想他诞生之前就在水里
浸过，那个酷热的夏天
掀起过醉人的风暴

轮到他受孕了
轮到他以男人的阵痛
再次降生于世
这粗犷的腹地要他亲自劈开
裂他成为两岸
洪流倾入，舞歌而行
涌出惊涛颠簸的黄帆
洋洋向东而去

他在海里闭上眼睛

得到太阳绿色的光环
太阳小得仅仅是一颗麦粒
含满了汁液
中间的缝里有一条河流着
他还记得
那是黄河

水　祭

林木萧疏，水漫树梢
枝头上的蝉蜕零落飘摇
戏龙人的生涯不安的生涯
收水声于箫笛
扬群龙脱浪腾跃
蜿蜒重归期待已久的河床
今夜枕岸成眠
波涛送梦还乡
三月的熏风香炉渺渺
鱼背的黑石灿烂地逆流而上
七十二朵愁云蒙蒙浇洒
龙门初开
鳍尾摆起神奇的火焰
蝉翅织丝之声覆盖了田野

盛大的庆典轰轰而来
人流嘲退了洪水
骑白唇驴的挽着鸡笼拉着牛的
破衣烂衫的人们肩头扛着孩子
嫩绿的服装脸颊开放黑眼睛
如花子吵吵嚷嚷
惊动了流落异乡的亲人
屈原投江远上，李白饮月清归

桃源溢水，陶潜凭窗倚篱
沉入岚霭遥望天下的呼喝

而那个弄龙的人，那个勾画闪闪
鳞片的养蜂人，又要远行
他三十岁成婚，娶了山的女儿
带着白狐狸浪迹天涯
金雨沐浴稻浪洗涤
妻子在远方盼望寂寞如银
他将凶险的铭文刻上山岩的铜鼎
记下过往的艰辛，痛饮
清冷泉水，饥饿的五脏
摇动他的身子
酒中绽裂的太阳露出茫茫微笑

赏析

《太阳和他的反光（组诗）》由十二则上古神话衍生而来，是朦胧诗人江河的代表作。组诗一反其创作初期激昂、深沉、凝重的诗风，呈现出一派平静、柔美、和谐的氛围，上古神话中那些凶恶的灾祸、悲恸的牺牲、惨烈的战争均被诗人以祥和宁静的笔触描绘出来，颇有超然洒脱的哲理意味，活脱脱一幅幅意蕴悠长的写意工笔画。

组诗发表于《黄河》1985 年第 1 期，此时正值中国历史的重大转折时期，是中国继五四之后的又一个启蒙时代。从“文化大革命”梦魇中惊醒的国人发现那股理应不朽的民族精神已荡然无存，神话里面的英雄人格也不复出现。目睹中国人精神的“真空状态”，朦胧诗人在文化使命感的召唤下，以回归人性为旨归，高举人文主义理想的大旗，主动承担起思想启蒙的重任。和大多数朦胧诗一样，启蒙主义是这组诗的鲜明特质，重新唤醒现代民族精神是这组诗的基本主题。

神话是一个民族最古老的诗，和其他古老民族相似，中国上古神话的主要题材也是通过人类与自然的斗争彰显人的力量，塑造民族英雄形象。江河的这组诗虽然以中国上古神话为素材，但并没有沿袭人与自然这个古老的话题，而是在一定程度上解构了英雄神话，以现代意识审视传统文化，站在现代文明与传统精神的交汇点上，将社会历史意识提升到人生和宇宙意识的理性高度。

如夸父逐日的传说，在古代被解读为一个不自量力的人想和太阳赛跑最终失败的故事，印证了人不可盲目自大的古训。但江河却在《追日》中赋予了夸父新的内涵："上路的那天，他已经老了，否则他不去追太阳。"不似上古传说中正值壮年、豪情满怀的夸父，诗中的夸父虽已年迈，接近生命的尽头，但他仍追求超越自我，知其不可为而为之，用生命最后的热度来祭奠太阳：

可以离开了，随意把手杖扔向天边
有人在春天的草上拾到一根柴禾
抬起头来　漫山遍野滚动着桃子

在诗的结尾，夸父化作山脉河流，滋养植物生长。千百年后，子孙后代仍能在滚动的桃子中体会到夸父那不畏艰险、永恒求索的精神。被大海召回的精卫、抱着必胜决心的愚公与用生命铸造世界的盘古，无不传达出生命短暂但精神力量无限绵长的哲理意味。

再如，吴刚因为学仙过度遭到惩罚，在月宫砍桂树，受着终生苦刑。《斫木》让人联想到希腊神话中推巨石上山的西西弗斯和替人类受刑的普罗米修斯，重新塑造了一个为民族牺牲的英雄形象。又如，将女娃被淹死化为精卫鸟改造为鸟儿梦见了女娃，传达了乐观主义的生死观，彰显了旷达的民族精神；为了黎民百姓不得已以暴制暴，射掉九个太阳后沉静自若的后羿；等等。在对上古神话的再创造中，江河赋予了神话人物丰富深厚的隐喻功能。

江河曾直言："我要写这个古老大陆的神话，写中国的史诗！"不得不说，江河的确做到了。他在对上古神话的改造翻新中，赋予了神话原型更多、更适合当下的隐喻意义，尤其对神话原型意象背后人文精神的智性思考，显示出悲天悯人的启蒙意识。他真正做到了新时期朦胧诗与古老文化的结合，写出了体现中华民族现代民族精神的中国史诗。

作品

水乳大地（节选）①

范　稳

左盐田由于是一个马帮的驿站，因此它就比右盐田繁华得多，加之纳西人向来善于经商，右盐田的藏族人即便是要买一节电池，也得绕过两个盐田间的那条深谷，到左盐田去买。这年麦收过后，右盐田的村民保罗带儿子罗伊思到左盐田赶集。父子俩中午时到一家川菜馆吃午饭。保罗认为那些四川人的菜做得不错，这几年大批的四川人、云南人，或者不知道是汉地哪个地方的人涌到了左盐田，他们带来了许多新奇的东西和越来越便宜，但却越来越不耐用的百货到藏区来。从大彩电到马掌。就说马掌吧，保罗刚在一家店铺里买了一副。从前一副马掌走一趟印度或者拉萨回来都还是好好的，而现在不会超过半年工夫，马掌就磨得只剩一张纸那么薄了。连生铁都不耐用了，这个世界上唯一值得信任的就只有天主了。保罗想。

餐馆里进来了几个老喇嘛，年龄大约都在七十岁以上，却人人目光炯炯，精神矍铄。他们在保罗的桌子一侧坐下，一人

① 节选自《水乳大地》（人民文学出版社 2004 年版）。范稳，1962 年生，四川人。他对藏民族文化与宗教情有独钟，著有“藏地三部曲”（《悲悯大地》《水乳大地》《大地雅歌》）等。

要了一大碗面条。那个开餐馆的小个子四川老板已经会说藏话，据说他讨了一个康巴女人做老婆。保罗听他问喇嘛们面里要不要加一点肉酱，但喇嘛们说来一碗酥油茶就可以了。

他们拿出了自己背囊里的木茶碗，一字排开放在桌子上，等待四川老板来倒酥油茶。其中一个年纪最大的喇嘛眼睛不断往保罗这边瞄，保罗下意识地将自己的身体向另一侧扭去，因为他怕他们看见自己脖子上挂着的那个小小的银色十字架。上帝的福音即便已经在峡谷里传播了近一百年了，但是一个藏族基督徒还是对那些曾带给过他们惨痛教训的喇嘛心有余悸。在这些藏族人时刻都要顶礼尊崇的上师面前，信仰天主教的保罗惟有敬而远之。

“那是我的碗，你还给我。”保罗听见他儿子说。

他转过身来，发现他儿子罗伊斯用手指着那个最年长的老喇嘛面前的酥油茶碗说。喇嘛们的木茶碗总是很考究，镶银包金，做工精细，看上去价值无比，像一件圣物。

“别乱说，罗伊斯。”保罗忙按下了儿子伸出去的手。

四个老喇嘛也惊愕不已，从他们的惊愕中可以看出某种按捺不住的激动与狂喜，尽管他们人人显得庄重威严。

“孩子，你说是你的，你就过来拿去。”那个老喇嘛和蔼地说。在保罗还没有反应过来时，罗伊斯像条鱼一样就从他手臂中滑出去了，他落落大方地走到了喇嘛们中间，拿起了他说是自己的那只茶碗，顺势就坐到了那个老喇嘛的腿上，像跟自己的老外公一样熟稔。

老喇嘛莫名其妙地颤抖起来，他将罗伊斯紧紧地搂住，又从行囊里掏出七八串佛珠，问：“找找看，这里面有没有你的东西。”

“罗伊斯，你给我回来！”保罗想过去抱他，但是其余几个喇嘛用严厉的目光阻止住了他。

罗伊斯挑了一串看上去很陈旧的佛珠，用一个大人的口气说：“哦呀呀，我找了它好长时间了，原来在你们这里！”这是保罗第一次听见自己的儿子用如此清晰准确的话语说话，听起来陌生无比。这个孩子到三岁时才能说一些简单的藏语词汇。直到这个中午以前，保罗还在来左盐田的路上纠正儿子略显结巴的发音。

那个老喇嘛忽然就老泪纵横起来，他把罗伊斯放在凳子上，自己匍匐在地，像一个孩子一样对着另一个孩子哭泣道：

“智慧慈悲的松觉活佛啊，你让我们找得好苦！你离开我们的寺庙外出修行有四年啦，你好吗？我是次仁堪布，你还记得我吗？”

就这样，一件好像弄错了的事在左盐田这个简陋的川菜馆里降生了。来自云南藏区一座寺庙的高僧们，找到了他们的九世松觉活佛的转世灵童——十世松觉活佛。而令人匪夷所思的是他竟出生在一个信奉天主教的藏民家庭。

九世松觉活佛四年前在自己的禅房中面向西北方向圆寂，在他圆寂之前的一个夜晚，活佛说他将要到雪山下一个盛产麦子的地方去修行。人们通过活佛的这句遗言从寺庙往西北方向出发，寻找雪山下种麦子的地方，而在整个藏东地区由于海拔高，只适宜种青稞，种麦子的地方倒十分罕见。转世灵童寻访小组的高僧们走遍了藏区的无数座雪山，到著名的神湖纳木错去观看了湖相，他们甚至到拉萨的哲蚌寺请法力高深的降神师打卦，从神灵那里得到的启示是，九世松觉活佛将转世到一个只能看见一线天的地方，你们去那里找他时，一个孩子会坐到你们的腿上。

当一阵风掠过左盐田狭窄而尘土飞扬的街道时，人们都知道右盐田出了个转世灵童，小罗伊斯早已被激动的人们扛在肩上，在盐田的街道上到处游走。一条条雪白的哈达抛向这个可爱幸运的孩子，老人们巍巍颤颤地挤上前来摸他的脚，请他为他们摩顶祝福。而那孩子令人惊奇地对蜂拥的人们表达出了与他的实际年龄不相称的慈悲和关爱，他老成地向人们挥手，给挤上前的老人摩顶祝福，尽管他还不会一句藏传佛教的经文，但人们有他的这一轻轻的触摸就心满意足了。也许孩子只把这一切视为某种童心世界里的游戏，但孩子的落落大方和对人们欢呼的欣然接受，已足以令人感到这种种神秘的奥迹，的确是前世活佛转世投生到这个孩子身上了。喇嘛们嘴里呜呜咽咽地向信徒们叙说刚才的奇迹，他们几年的辛劳终于在这一天功德圆满。而孩子的父亲却被人们撂在了一边，保罗是一个寡言少语、性格温和的藏族人，从来没有见过这样的场面。当他儿子被喇嘛们抱走时，他当时差点吓晕过去。但是他发现所有的喇嘛对他儿子都弯下腰来，个个像慈祥的老祖父，便终于明白自己受过洗礼的儿子将被人们送到寺庙里当活佛供起来、尊贵终身。保罗这才急得在人群中猛一跺脚，大喊道：

“坏了，要出教案了！”

保罗上过中学，了解一些澜沧江峡谷里两个不同信仰的村庄过去的历史，喇嘛教曾经给他的家族带来过惨痛的记忆。保罗不知自己是怎么跑回的教堂，冲着正在吃饭的神父喊：

“喇嘛、喇嘛们抢走了罗伊斯！”

安多德神父当时惊得将手里的饭碗打落在地，刚刚恢复了元气的老修女凯瑟琳也吓得双手捂面，“主啊主”不停地祈祷。到神父问明了事情经过，才缓缓出了口气，安慰保罗道：“没有关系。转世灵童的最后确定还要经过县里、地区和自治区的宗教管理部门批准呢，如果你不愿罗伊斯去当活佛，我可以帮你去申诉。再说了，按照他们宗教的规矩，这样的孩子会找上好几个作为候选，谁知道他们会选上谁呢?”

“神父，罗伊斯是受过洗礼的啊！”

“我知道，他是天主恩宠下的孩子，天主的神印已经牢牢印在他幼小的生命中去了，他怎么可以成为一个藏传佛教的活佛呢？我会帮助你的，我也会说服他们，哪怕跟他们再来一次宗教大辩论。”神父猛然有种神圣的使命感，多年以前，教堂的白人喇嘛在和噶丹寺的活佛进行大辩论时，就有过这样的使命感。

神父知道保罗的家史，这个家族中的第一代教民、保罗的曾祖父彼得曾经因为拒绝活佛的摩顶祝福而命丧喇嘛们的乱石和弓箭之下。可是你看看吧，现在喇嘛们把彼得的重孙扛在肩膀上，还要立他为活佛。上帝啊，安多德神父也不知道该怎么祷告了。

在这个多种民族杂居，多种宗教并存的环境中，安多德神父其实更知道尊重对方信仰的重要，没有这个前提，他们就没有和平与安宁。政府的宗教管理部门每次召集寺庙的活佛、堪布、住持们和安神父一起开会时，反复强调的也是这个问题。好在安神父现在已经和噶丹寺的大活佛六世让迥活佛成了好朋友，他们作为各自不同宗教的代表，同为自治区的政协委员，在地方上享有极高的政治待遇。他们经常一同去拉萨开会，小组讨论也在一起，有几次甚至还被安排住在同一个房间。到了晚上，神父和活佛都要作祷告时，那真是一个有趣的时刻，一个拿出《圣经》摆在面前，另一个则翻开宗喀巴大师的《菩提道次第广论》，两个神界的代言人用同一种语言祈祷不同的神灵，求他们给予众生的护佑。让迥活佛是一个学问渊博、待人随和的高僧，他比安神父年长三十来岁，都可以当他的父亲了。作为西藏宗教界唯一的天主教神父，每次开会时官员们都要让安多德神父第一个发言，但安神父总是说，藏传佛教是西藏宗教界的大哥，让迥活佛也是我的父辈。我们先听前辈讲讲吧。

正如安神父所料，傍晚时分，让迥活佛在县宗教局官员陪同下来到了教堂，老活佛一见到安神父就说："神父，我是来恭喜你们的。"

安神父谦逊地说："活佛，值得恭喜的是你们。"

县宗教局的王局长问安神父："这么说你们承认了那个转世灵童了？"

神父反问道："你们的意见呢？"

局长说："我们认为这是一件好事情。它体现了宗教的团结，再说，被寻找到的活佛前世是云南藏区的，我们也要和邻省搞好关系么。"

神父说："但是孩子的父亲思想有顾虑，他怕……"

让迥活佛打断了神父的话："这有什么可顾虑的，藏族人家几辈人到圣城拉萨磕长头进香，也请不来一个活佛。神父，有众生便有活佛，无众生便无活佛。众生要脱离苦海，佛就要显化身来引渡众生。刚才我来的时候，看见峡谷里的彩虹了。这是神灵的旨意啊。"

"据我所知，你们还会找几个具备相似条件的孩子作候选的。"神父说。

"没有这个可能了，罗伊斯已是无可非议的人选。他们在孩子的左手臂上发现了一个酷似六字真言第一个字母'唵'的胎记，而九世松觉活佛在同样的部位上也有这样的印记。你说神不神奇？"宗教局的王局长天天和宗教界的人士打交道，自己也有点人神不分了。但原则他是要坚持的，那就是一定要顾全大局，让过去这个地方两种曾经是冤家的宗教不再发生什么纠纷，让他们和睦共存。这是他的职责。

"这么说，这个孩子一生下来，就不属于耶稣基督，而是你们的人？"神父有些疑惑地问让迥活佛。

让迥活佛笑了："不仅是我们的人，而且是我们的活佛。我们的宗教是最宽容的，我的前世是藏族人，可我是一个纳西人。你应该知道，当我被认作五世让迥活佛的转世灵童时，藏族人还正在和信仰东巴教的纳西人打仗呢。哦呀，那战火打得连卡瓦格博雪山神都躲得远远的了。可转世灵童在纳西人的村庄里一寻找出来，战争马上就平息啦。神父，你的信徒为我们的宗教积了大德，我们要好好感谢你们呢。人家云南那边已经在准备丰厚的礼物，来迎请十世松觉活佛了。"

一个平凡的孩子被认定为转世灵童之后，对他神性的塑造就开始了，他再不是一个普通的人。有关他的很多微不足道的小事现在在人们看来，都带有种种神奇迹象，它们或许和前世的生命遗传相连，或许和佛祖广阔无边的佛缘和法力有关。而这种力量常常是超自然的，不是一个肉体凡胎的俗人可以轻易看见的。比如有人回忆说保罗的妻子玛利亚在怀罗伊斯时，曾去乡卫生院做检查，一个陌生的老喇嘛忽然就冲着玛利亚叩起了长头；而另一则传说则神秘地描述了罗伊斯出生时天上的景象，卡瓦格博雪山顶出现了一道美丽的光环，直到婴儿第一声啼哭从产房里传出来时，那道光环才缓缓消失。还有人回忆说罗伊斯受洗礼那天大哭不已，分明是在拒绝耶稣基督的圣宠。在这片土地上，传说就是现实，至少也是被艺术化了的现实。人人都是神灵世界的作家和诗人，这份才能与生俱来，与秘境一般的大地有关。

安多德神父被这些神乎其神、令人难以置信的传说所左右，同时也面临来自宗教管理部门和佛教寺庙的喇嘛们的压力。他已经被召到县上、地区的有关部门开过几次会了，他们劝他顾全大局，活佛转世到一个信仰天主教的藏民家庭，在当今这个时代，是一件很正常的事情，也是一件大好事。政府不干涉人们的信仰，人人都有选择自己信仰什么的自由。神父，请想一想从前吧，现在的信徒们是多么的幸运。说到信徒的幸运，安神父就再也无话可讲了。自有教堂以来，没有哪个年代像今天这样祥和宁静，教堂再不用担心被捣毁，教友出门也不会受到佛教信徒的歧视甚至追杀。这不是天主的恩宠，而是人们终于学会了如何在一片狭窄的峡谷中和睦相处。

安多德神父后来把自己关在教堂内反省了三天，面对耶稣基督他准备把所有的罪与罚都担当起来。他对耶稣说，全能的主，现在已不是靠辩论和战斗就能捍卫你的荣耀的时代啦。在圣城耶路撒冷，在伯利恒，伊斯兰教徒和犹太教徒还在互相扔石块，投催泪弹，甚至舞刀动枪。但这里是西藏，我们需要和平的生活。仁慈宽容的主，我要放弃了。你的一只羔羊将要被他们培养成为一个活佛，一个信奉另一种宗教的人们尊贵的神。但愿这也是你的光荣。

神父后来对保罗夫妇说，他已在天主面前为他们赎过罪了，仁慈的天主赦免了我们的罪。保罗，尽管我们有自己的信仰，但喇嘛们现在不是敌人了，都是我们的朋友，我们怎么能做得罪朋友的事呢？保罗，如果你和喇嘛们握手，主会为你感到荣耀的，人家也会更尊重我们。我主耶稣说："人因先知的名接待先知，必获先知所得的赏赐；人因义人的名接待义人，必得义人所得的赏赐。"

保罗沮丧地说："神父，我听你的，我也听天主的。可是把罗伊斯送去当活佛，我做不到。"

神父把保罗领到教堂厢房的平台上，从这里可以看到右盐田的村舍和前方的峡谷，神父指着前方说："保罗，你看到了什么？"

保罗说："我看到了村庄、峡谷，还有卡瓦格博雪山的顶。"

"你再往上看呢？"

"上面是一片天呢，神父。"

"是啊，多么狭小的一片天，像放牧人的帐篷裂开了一条线。保罗，你明白我的意思了？"

保罗不说话了，神情变得很凝重。神父想保罗是个聪明人。

赏析

《水乳大地》以西藏东部边缘地区一个大峡谷里与世隔绝的村庄为背景，反映了一个世纪以来藏族、纳西族和汉族杂居的区域多种宗教文化的冲撞与融合，显示了艰苦环境中人的意志和信仰，展示了生命、人性与神性碰撞的瑰丽画卷，表达了作者希望生命文化共存、共融的理想。

选段是宗教由碰撞冲突走向相互融合的一个缩影，五世让迥活佛转世到东巴教祭司家中，九世松觉活佛转世到天主教民家中，藏民安多德做了天主教的神父。回首在这片大地上，曾因为宗教发生了冲突与战争，使得以拯救人的灵魂为使命的传教者们自身陷入了罪恶的深渊。如沙利士神父所说："因为信仰不同而发生的战争，是对信仰本身的最大讽刺。上帝的福音和爱，并不应成为这块土地的仇恨之源。"在经过了一个世纪的流血冲突和摩擦之后，他们终于走向了平和与宁静。如今在盐田村里，信仰天主教的有藏民，而藏传佛教的信徒也有众多的纳西族人，他们和平相处，自然和谐。作者通过这幅史诗般的历史长卷，描绘了一个共同理想：这块土地上，人们需要和平，不同信仰的人不是敌人，他们携手创造安宁、幸福的生活。

信仰及文明的冲突和融合犹如一块硬币的两面，冲突不会从根本上解决问题，只会使双方两败俱伤，相互对话和宽容才是正路。选段的最后，神父把保罗领到教堂厢房的平台上，问他看到了什么，告知他："是啊，多么狭小的一片天，像放牧人的帐篷裂开了一条线。”以此喻示大家都享受共同的一片蓝天，应该学会互相尊重、和平相处。小说所展示的这块大地上的多种宗教文化共融、多民族杂居的生存智慧，就是一部人类进步与发展的启示录。

许多人评价《水乳大地》是一部“深受拉美魔幻现实主义影响并具有浓郁魔幻风格的小说”，其根植于西藏的民族文化土壤之中，努力挖掘民族的精神内涵，积极提炼中国文学原有的特色因素，借鉴魔幻现实主义文学的创作方法，直面现实，写出了自己的风格，赢得了自己的高度。在写作处理上，作者以全景式的方法，描绘出一幅藏东大地上各民族、文化、宗教的碰撞、冲突、动荡和人们相互的了解、理解、交流直到融合的风云史诗长卷。小说以生动的叙述，在抒情的细节上充满了细腻的美感，揭示了人与自然、人与人之间水乳交融般的和谐对于人类生存、繁衍、发展的重要性；用具体而细微的感觉、印象和事件让人充分意识到澜沧江峡谷中人民命运的复杂多样；以感性的力量展开边地一个世纪的历史，不仅关联着一个族群的社会文化变迁，而且映射了中华民族世纪命运的缩影，它是一部文化寓言。

作品

獦獠的佛性[①]

熊育群

一个峡谷，一座山，不大的一块坡地；一汪水面，一户或几户人家，像突然冒出来似的——在你眼前那样真切地出现。感觉这些藏在幽静山谷中的人，与这个喧闹的世界并没太大的关系。他们与山水生活在一起。

一群鸭，嘎嘎叫着，在如碧的水面游动着，让人在瞬间便领悟生命的本义应该就是如此悠闲自在的。忙碌，实在是心中欲望折磨的结果。在这样一派沉静的山水面前，它像镜子照出了我生存的窘境。几千年的生活就像滞留在这山谷人家中。但只是片刻，这样真实的生存就像画面一样被切换，来不及过多的思索，又是另外的山，另外的人生。快速变化的世界与生活，这是一种象征。

这片山地就在新兴地界，离广州很近，在小车的快速奔跑中，山也在奔跑、旋转。这个午后，这个时刻，云浮、新兴……路牌不断在高速路边出现。公里数是那么精准。我知道到达的时间也是精准的，对于一个朝圣者，这样的时间过于急

① 节选自《田野上的史记：行走岭南》（海天出版社 2014 年版），有删改。熊育群，1962 年生于湖南汨罗。著有诗集《三只眼睛》、散文集《随花而起》等。

迫了。

想到1 300多年前的行走，那是双脚绕着这样一个山岭、一口水塘地走，一天的路程，在山头回望，依然还能看到拂晓出发的地方，在南方淡淡的白雾中变得幽蓝。一个樵夫，突然要学习佛法，丢下孤零零的母亲，就沿着这样有些妩媚的葱茏山岭，一路走远。他在长达一个月的步行中，内心是逐渐打开还是愈来愈紧闭？这样的山水与人家，长途跋涉中是这个世界的全部，而不是另一种生存的背景。这让他能够面对自己的内心，做到行与知的一致。不像现代都市人，在内心与生存方式上挣扎，行与知不得不因物欲的炽烈而背离。

30多年前，我第一次走进山中，红色的山泥与翠绿色的树木，形成阻隔，也形成或粗犷或幽深的风景。天空不像平原那样占据视野，几乎意识不到它的存在。房屋皆隐匿于山间，生活也被分隔、掩藏。随着行走或攀登的脚步，不断有新的景色与人家出现，这些新发现像捉迷藏，永远指向无尽的山的深处。直到我分不清来路，迷失了方向，我所看到的也不过三四个村庄，几十户人家。只有沿着山路，由它引领我穿行。

用人的脚步丈量的世界是如此浩渺而广大，许多遥不可及的远方，充满着神秘，像远处淡蓝色的山岚。仅是这些低矮的丘陵，对于一个平原长大的孩子已是一个新奇的陌生的世界。跑过千山万水，一切皆为平淡之后，这些南方低矮的山地带上了故土的温情，它象征了宁静、安详，也象征了无欲的、温馨的生活。生活的节奏只依日出日落与季候的轮回，这是天地间的节奏。这样的生活与佛和道离得很近，在这样的山水之中悟道、参禅，才易得天地真意。

研究山的表情，是耐人寻味的。表面是审美，如湘西山水的空灵，北方山水的粗犷，西部山水的苍凉，但细究，它内里却是精神，是人血脉里的文化趣味。这种表与里的关系，人与水土的关系，隐秘而恒定。新兴的山岭不连绵，却一座座层出不尽。它们绿得像被阳光洗濯过，那么鲜明不含蓄的绿，是强盛的，信心十足的，看得到蓬勃的生长。那么蓝的天，红的土，强烈的阳光，一种原色般真实的生活，都是属于这片土地的。这简直就是土著们的生活。这样的山林与那个创立禅宗的佛祖该如何联系？

岭南，百越族獦、猺、獠、獞、獽……如此被中原充满蔑视的命名，他们却是自得化外之乐的族群，一道南岭之隔，就是两重天地，像疯长的荔枝林、芭蕉林、椰林、榕树，还有亚热带许多肥大枝叶的植物，都在水汽蒸腾的空气里四季常青，覆盖大小山岭。湿溽烟瘴之地，那是中原人的陋见。汉人偶尔出现在这片土地，几乎都是被朝廷所弃的人，或者是战乱逃离故土的人，他们孤独的身影晃过浓密的树丛，许多年也不会懂得土语。他们隐蔽得如此之深，谁也不会知道他们的过去，他们会常常想念起南岭之北的寒流，那树木落叶纷纷的情景再也不会显现于大地了。

惠能的父亲卢行瑫是河北涿州人，流放到被诗人王维称之为“蛮貊之乡”的新兴夏卢村，编籍入户，与俚、傣为邻。他在惠能三岁时就郁郁辞世了。母子俩艰辛贫乏于市卖柴，又受邻里欺负，只得搬至一公里外的小山上独自居住。他们垦荒种荔，惠能天天上寺田坑、龙山砍柴，在山上一处泉水边洗浴，整日只与山林鸟兽为伍。但他天生一颗善心，对世间万物充满悲悯情怀，对那些遇到困难的过路之人倾力相助。一颗心灵竟是由这片山水点化。也许，在某些黄昏，看到那长河边的落日，或者某个早晨，看到太阳从山的那面升起来，惠能会驻足相望，总有天地间一种宏大的精神在心灵间引发共鸣。或者是暧昧而隐秘的心绪，让人远离世俗的烟火，想一想人之为人的问题。一天学也没上过的惠能，因为卖柴听客诵经，一闻经语，心即开悟。惠能听到的是《金刚经》中的：“凡所有相皆是虚妄，应无所住而生其心。”这是令人精神为之一凛的醒世之言！在樵夫与这样的顿悟间，距离何其之巨，足证佛性与人本是一样的，真正是见自本性。这一颗参悟生命、神游天地的心灵，自是这片山水的浸淫与孕育。一个樵夫整日想到的如果只是木头，经语于他如同无语。

因为这一句经语，他走上了去蕲州黄梅的路途，他要离开自己生活了24年的故土，离开寡居山林的母亲，态度那么决绝！

那条脚下的山路，那土著人獦獠的屋舍，炊烟袅袅，那是多么宁静而迷恋的时光。山水真意，因为他的这一去，会在许多年后许多文人的笔下呈现出无穷的禅意。

他是多么低微的人，千里跋涉，到了黄梅，只有到后院去破柴踏碓，腰石舂米。又被五祖唤作獦獠，差点拒之门外，他对五祖弘忍说：“人虽有南北，佛性本无南北，獦獠身与和尚不同，佛性有何差别。”这是惠能一生坚持的理念与立场，佛性即人性，惠能显然让弘忍感到震动。他当然不会为难这样一个充满悟性的人。但弘忍对岭南都怀有如此偏见，何况常人。那些百越族的文化又怎能为中原人所接受?!

中国佛教戏剧性转折的一幕全在惠能的这一偈："菩提本无树，明镜亦非台；本来无一物，何处惹尘埃。"这是他改神秀的偈："身是菩提树，心如明镜台，时时勤拂拭，勿使惹尘埃。"由地到天，这是真正天人合一的大境界！这一偈从这一刻开始，千年传颂。五祖弘忍看到这一偈，把自己的衣钵于半夜三更时分悄悄传给了这样一个没有读过书的岭南獦獠，在他秘围的袈裟里，一个不识字的樵夫听五祖解说《金刚经》，这一夜，樵夫成了中国佛教的第六代佛祖。这是何等的胆识与眼光！惠能几乎是潜逃一样于黑夜中登上渡船，向着南方星夜兼程。佛门衣钵争夺掀起滔天巨浪，多少代过去仍然余波未了。

中国人崇山敬水，对自然膜拜，孕育出了天人合一的精神追求，到六祖，终于升华到了佛教的层面。中国佛教学的主体南禅宗也因这一偈而问世了。它上接庄子的道学，庄子的《逍遥游》，庄子悼妻时的鼓盆而歌，就是这超然物外、万物为一的思想。陶渊明写下"采菊东篱下，悠然见南山……此中有真意，欲辩已忘言"，闪烁的也是这样的智慧光芒。惠能之后，王维更成为一代禅诗大师，他的"明月松间照，青泉石上流"，"行到水穷处，坐看云起时"，让天地充满了无言的超拔之境。王籍写"蝉噪林逾静，鸟鸣山更幽"，赋予静深深的禅宗意味。中国艺术的意境——主观与山水自然相遇的诗意境界——到了不能言的高度。中国人重视诗教，对一个不信教的民族，诗中含有的精神境界，就成了中国人的宗教。

释迦牟尼佛曾在灵山会上拈花示众，百万弟子不能达其佛意，唯独金色头陀破颜而笑。世尊的实相无相、不立文字、教外别传，在惠能的身上得到了发挥，这一粒拈花的种子，在惠能身上结出了中国土地上的果子。

一个平民出身的佛祖，惠能毫不迟疑提出了佛就在心中，人人皆可成佛的观点。在佛性上，人人都是平等的。佛教不是贵族和富人的特权。佛教也不需要用僧人那么严苛的方式修行学佛，对没有条件修行的普罗大众，惠能告诉他们："心平何须持戒，行直何用修禅"，自由任远的生活方式也是可以达到学佛目的的。惠能看重的是立足现实的人间生活，在日常生活中明心见性，于当下顿悟成佛。他创立的是人间佛教，普通人的行住坐卧、人伦日常、吃饭穿衣、担水砍柴，乃至尊老爱幼，都是可以顿悟的。他一再宣扬："佛法在世间，不离世间觉，离世觅菩提，恰如求兔角。"

惠能生活的年代是佛教在中国最昌盛的时期，玄奘取经归来，广事译述，学说众多，义学繁兴。这些繁荣佛学之举，却使许多人丧失了哲人之慧，变成经师之学，无法解决人的自他对立、染净对立、生佛对立。一个不识字的人要学佛，岂非天方夜谭？惠能恰在这时站出来，旗帜鲜明地提出：菩提自性；本来清净；但用此心，直了成佛。一切万法，不离自性。无念为宗，无相为体，无住为本。顿悟成佛。

佛教从此成为世俗的、平民的宗教，平等、自由的精神在佛教中出现了。1 300 年后，孙中山提出三民主义：民族、民权、民生，这样的精神在岭南竟是一脉的。

这片山水孕育了怎样的精神？这样自由率性，这样质朴务实，平凡庸常，远离儒家的等级、礼仪、孝悌……人不是为等级、制度而活的，人是为着自由生活而活，如自然生态，自由生息自由来去，像岭南树木一样任性生长。

新兴，古代新州，岭南名郡，一个瑶民、壮民的“瑶獠杂居之地”。皇上常常威胁大臣：“复有敢为者，当处以新州。”新州的名字让臣子们胆战心惊。当年卢行瑫流放这里，是人生中多么沉痛的打击！山遥水远来这里的人，没有谁还会有什么优越感了，也不会再生什么等级观念了。他们反倒活得率真、无欲。这时的山水是清新无念的，一派纯自然的葱茏妩媚。天空中有来自大海的浮云，大片大片掠过头顶，常让人抬起头来想象一下远方。偏远之地，又被重重山岭围绕，天下事莫过于家事了。

在精准的时间里，我来到了新兴六祖镇的国恩寺。这是惠能在此弘法、示寂的地方，中国第一本佛经《六祖法宝坛经》也在此辑录。我以为第一个用国字命名的寺庙，女皇武则天亲笔书写匾额，寺院一定布局壮观，雕梁画栋。从浓密的树荫下向着一口水塘边走去，高高的菩提树下，想不到山门由一侧台阶而上，倒似私家院落。天王殿、大雄宝殿、六祖殿，以及左右两侧的地藏王殿、达摩殿、大势智殿、钟楼、禅房……都似岭南民居，那么小而质朴，青砖的山墙，灰塑砖雕的屋脊，青色的瓦，与缓缓上升的山坡地，那在梯级间围出的逼仄院子、天井一样，散发出家常的气息。这样的殿堂一代一代，竟是由许多个朝代的官民、绅士、名士出资兴建，不断地重修与扩建渐成今日的规模。

拾级而上，在六祖宝殿，佛像两旁，左侧供奉着惠能父母的牌位，右面一位卧着的塑像，是当年传说为惠能家看风水的国师徐东风。他寻龙追穴长途跋涉而来，已是穷困潦倒，是惠能母子热情款待，让他感动，以龙脉结穴之地相报，把惠能父亲的骨骸安葬其中，以求万年香火。如此堂皇的庙宇，竟然供着父母牌位与风水先生，这岂不成了家庙祠堂了?!走过如此多的地方，从没见过如此私人化的、人伦的、世俗味重的寺庙！这也许是僻地不讲规矩、眼里只有日常生活而无等级尊卑之别的獦獠所为吧，人与佛为何就不能相处一室呢？众生平等，这倒合符了惠能的思想。只是站在庄严的佛像面前，这一幕实在让人瞠目！神性与人性竟然同处一堂，接受信众的朝拜。这在佛教史上也是个例外吧。也许，当年同为中原落难人，困顿里的恩义，相互的施与受，特殊的情义，当用一生来念想，用供奉这样的方式来回报。

国恩寺周围，都是惠能一家生活的地方：左侧有惠能父母之墓，寺后有惠能洗浴的泉水；寺右，有惠能种植的荔枝树。一个世俗之人，与一个佛教六祖，甚至五祖所传的衣钵，同时呈现在这一个地方。他的一生，贫苦与传奇皆展示无遗。

这就是化外之境的岭南吧！尽管那些瑶獠早已从这里被中原一代代移民挤到了东南亚，但原始的充满烟火味的生活仍然缭绕山地，神圣与崇高、形而上的精神诉求与终极价值的追问在这里仍然缺如。这是因为这片山岭没有苍凉与空灵，没有无边落木萧萧下，只有艳丽的绿色长满了四季？还是南岭之隔，土著们的文化远离庙堂，天然地具有了人性的、人情的温暖？生命不分季节的滋生蔓长，反倒没有了沉思的品质。当五祖所传的衣钵在寺庙报恩塔边出土时，这一佛教的重大发现，相隔 1 300 多年重见天日的舍利子，竟然也没有引起应有的轰动！

山无语，水喧腾，一重一重山峦憩着团团的白云。问人，并不知山名、水名。夏卢村惠能故居，一座村里人自己用钢筋水泥建起的房屋，俗不可耐的建筑，挤压尽了六祖年少的一点点念想。

晚上，国恩寺附近的温泉宾馆，水泥的楼房，炎热的空气，路灯外，黑暗的天与地，躁动不宁的景致。外面行人稀少。一个人在房间打开电视，来自世界各个地方的画面一个一个切换着，传递着或悲伤或快乐或无谓的信息，这些真实却是虚拟的现实，让人昏昏欲睡。这么多的痛苦纠结，这么多心灵的挣扎，欲望如染的世界，谁人在寻求人生的顿悟？在这片惠能卖柴走过的地方，时间都与金钱画上了等号。

赏析

过去，岭南被视作南蛮之地，居住在这土地上的人们被称为獦獠。本文书写了成长于“蛮貊之乡”新兴的禅宗六祖惠能，自幼丧父，家境贫穷以卖柴为生，偶然的机会听到有人诵读《金刚经》，便萌生学习佛法之念，于是辞别家人，离开故土，毅然决然地踏上了求学的路途，前往黄梅拜见五祖弘忍，由此开始了学佛生涯，得五祖弘忍传授衣钵，继承东山法门，为禅宗第六祖，世称禅宗六祖。

六祖惠能大师生活的时代唐朝，是中国封建王朝政治、文化和经济发展的一个鼎盛时期，惠能大师可称得上是中国佛教史上一个承前启后的开创性人物，正是因为有了六祖惠能大师，中国佛教才可能开启千百年的繁荣。作为一个平民出身的佛祖，他提出了佛就在人的心中，人人皆可成佛的观点，立足现实人间生活，他创立的是人间佛教，佛教成为世俗、平民的宗教，倡导平等自由的精神。六祖大师传顿悟禅，正是针对当时学人重经教，不重实证而有所阐扬的。其顿教法门就是“直指人心，见性成佛”。在大师的顿悟禅里，一切的烦琐之教义，一切的分别心，都没有影子，有的只是以修行和开悟为目的的顿悟禅。六祖大师的顿悟禅用三句话可以概括：“无念为宗，无相为体，无住为本。”其提出的“不立文字”“教外别传”“直指人心”“见性成佛”的顿教法门和思想被誉为对传统佛教的伟大突破和创新。他以“见性成佛”为宗旨，提倡“不立文字”，弘扬“顿悟”，以传统文化的精髓结合禅宗教义的秘籍，形成中国佛教禅宗中与“北宗”相较而迥然不同的“南宗”风格。

作者亲访六祖惠能的出生地，深入探索孕育六祖大师的山水所蕴藏的精神，由于岭南“僻地不讲规矩”，远离儒家的等级、礼仪、孝悌，眼里只有日常生活而无等级尊卑之别，因此充满烟火味，拥有人情的温暖。通过深入挖掘追溯自然成因，联系形成岭南丰厚历史的文化动因，揭示了六祖惠能佛学思想的内在精神内核，阐明山林与禅宗的关系，强调佛性即人性、天人合一、崇山敬水、对自然膜拜、强调顿悟等。

作者以通俗易懂的语言、开阔的文化视野、深厚的民族感情和诗意的艺术笔墨，描绘了岭南佛教文化滋生的土壤，从中传达出深刻的历史记忆和现实的人文关怀。如诗般的语言，饱含深情地书写了岭南大地的一草一物，充满诗意的镜头，描绘了六祖惠能辞别家人，踏上求佛的路途，情景交融，画面历历在目；灌注着强烈的时空意识，旁征博引，深入挖掘岭南的历史文化，行文之中蕴含深沉的历史感，由景及情，注重实证，挖掘隐藏在岁月深处的文化。

作品的最后，作者深刻揭示了现代都市人与生存方式的挣扎，现代人由于对物欲过分追求，被欲望所裹挟，在行色匆匆之中寻求人生的顿悟变成了不可能，失去了精神的广阔领地。

作品

中华文明的过去、现在与未来①

易中天

现在世界上存在着多种的文明，但是，只有西方现代、伊斯兰和中华这三大文明是世界性的。中华文明代表着第一代文明，伊斯兰文明代表着第二代文明，西方现代文明则代表着第三代文明。现在最有影响力的是西方文明，比较弱势的是中华文明。这让我想起《出师表》中所说的：“此诚危急存亡之秋也。”在这样的情况下我们要思考的问题是两个：一个是人家有什么或者人家的优越性是什么；二是我们的问题或者不足是什么。

比较三大世界性文明，很清楚，西方现代文明和伊斯兰文明都是有信仰的文明，当然西方现代文明不等于基督教文明。我们知道美国宪法第一修正案中有一条特别重要的规定：国会不得立法建立国教。但西方现代文明是建立在基督教文明和新教文明的基础上的。伊斯兰文明更不用说，这两个文明特点都是一神教，这和犹太教也是一样的。基督教文明、伊斯兰教文

① 2013 年 11 月 27 日，腾讯网十周年“中国说”思享会在北京举行。著名学者易中天教授发表题为《中华文明的过去、现在与未来》的文化中国说主题演讲。易中天，1947 年出生于湖南长沙。著有《〈文心雕龙〉美学思想论稿》《艺术人类学》等。

明和犹太教文明是世界上三个最重要的一神教文明。犹太人认为他们自己是上帝的选民，正因为犹太教的这种信仰，导致即使犹太人失去了祖国，分散在世界各地，但他们仍然可以作为一个民族自立于世界民族之林。相反，很多失去国家的民族随着历史消亡了。因此，我们可以把信仰算作是犹太教文明好的地方。但不足之处是，它把自己封闭了起来，只有我们犹太人才是上帝选民，其他人、其他民族很难成为上帝的选民，因此犹太教很难成为世界性宗教。再来看伊斯兰教文明，它主要讲两个概念：一个是特慈，一个是普慈。特慈是对一个群体，即穆斯林，独特的慈爱，而普慈则是对所有人慈爱。现在看西方文明，西方文明讲“普世”，连“特”都没有了，而是普世的慈爱。

汉文明是没有信仰的文明

中华文明或者准确地说汉文明是没有信仰、没有宗教的文明。什么叫宗教？宗教是以信仰为中心的一整套价值体系、行为准则和礼仪规范。什么是信仰？信仰是对超自然、超世俗之存在坚定不移的相信。比如相信某个科学真理，它是自然规律不能叫信仰；或者相信某一个道德信条，这是社会行为规范，也不能叫信仰。

按照这个标准核定，我们汉民族有信仰吗？没有。第一，我们不存在超自然、超世俗的存在，我们没有创世神话。或许我们的民族曾经有过，但后来没了。例如，盘古是开天地的，不是创造天地的，因此他不能算作创世的神；而女娲是造人的，在她造人之前，黄土已然就有了，因此她也不是创造世界的神。我们没有一个神说：“要有光，于是就有了光。”我们没有创世神，就没有终极创造者，没有终极关怀，就没有彼岸概念，因此我们无信仰。我们有没有信的东西？有，我们信神、信佛等等。但我们这个民族对这些东西的相信是实用主义的，比如我以前在农村看到神龛里面供奉着的有观音菩萨、太上老君、如来佛祖、土地公公、妈祖、自己的祖宗，除这些之外，还贴着一个纸条，上面写着“老一辈无产阶级革命家”。多种信仰即无信仰，什么都信等于什么都不信。我们有一句话叫“信则灵”，翻译过来是灵就信，不灵就不信。有人说，某某庙你要拜一下，很灵的，诸如此类。我们的崇拜是实用主义的，有那么多崇拜的对象，而且这些神灵各有各的分工。基本上各种班子都齐了，这是常实用主义的崇拜。这样的一种行为好意思叫信仰吗？

所以汉民族的文明特点是有鬼神无宗教，有崇拜无信仰。这样一种特点从西周就开始产生了，因为西周为我们的文明奠定了一个基础：以人为本、以德治国、以礼立序、以乐致和。我们的文明是这样的文化系统。这样的文化系统虽然经历了从春秋到战国、秦汉的国家制度的变化，但有些东西没有变，例如家国一体没有变，祖宗崇拜不变。既然是这样的系统，那么我们不可能产生对超自然、超世俗存在的坚定不移的信仰。

我们靠什么延续至今？

那么，我们是靠什么延续至今的呢？

实际上，一个民族或一种宗教，之所以有信仰的对象，说到底是为了要确保它的核心价值，比如独立、自由、平等，比如伊斯兰教说的至仁至慈。正是为了要保证核心价值观能够实现，因此要借助神的名义说出来，这才是信仰的意义。因此信仰的核心价值不可或缺。

我们现在的问题是什么？我赞成吴思先生的一个观点，从汉以后到辛亥革命，我们的核心价值是三纲五常，这是官民朝野的共识，到了计划经济时代是阶级斗争，这也是官民朝野的共识。现在我们的问题是，我们进入了市场经济的阶段，处在三千年未有之大变局下。从古代到民国，我们的经济基础一直没有大的变化，所以儒家伦理在民国时还有维持作用。阶级斗争的价值和计划经济吻合。现在进入市场经济阶段，我们没有了符合中国国情，既能够延续中华传统又适合市场经济的核心价值体系。我们找不到这个东西。结果是什么？中国的经济空前发展了，中国国家政治地位也提高了，但国民文化素质和道德水准，却很抱歉，让人不敢恭维。如此才有那么多作假的，才有三聚氰胺，才有苏丹红等等。这个现状用一个话描述是“身强力壮，东张西望，钱包鼓鼓，六神无主”。

因此，我决定用五到八年时间独立撰写36卷本的《易中天中华史》，这个工作只要回答一个问题：3 700年以来，我们的命运与选择。谢谢各位！

赏析

易中天先生的演讲比较分析了西方现代文明、伊斯兰文明和中华文明这三大文明，分别指出其优越性及不足。当前的天下大势是文明的冲突，其中最主要的冲突发生在西方现代文明、伊斯兰文明和中华文明之间。在这种形势下，中国必须思考其他文明的优势与我们的不足。他认为现代西方文明在当前占据优势的主要原因是其拥有宗教信仰，而信仰的作用在于确定并延续一个民族的核心价值体系。与之相比，中华文明缺乏信仰，中国人的信仰普遍是实用主义的。在进入市场经济之后，中国的经济基础发生了变化而价值体系仍是陈旧的，才出现了一系列道德败坏和价值虚无的问题。因此，中国的转型从根本上是文化或文明层面的转型。他以平实的语言，通过对比、归纳的方法，阐述了中华文明的过去、现在与未来。

在他看来，“以伦理代宗教”保持了中国文明和中国社会的基本稳定。眼下中国社会出现的问题，不是“没有信仰”，而是“没有底线”。进入市场经济的年代，无宗教信仰的危机就暴露无遗了。在当今中国市场经济改革的潮流中，“过去任何其他国家的模式和方式，都不适用于中国”，中华民族必须找到适合中国国情和市场经济需要的新核心价值观，才能实现伟大的民族复兴任务，并且继续为世界文明做贡献。

但也有部分学者对易中天的观点提出反对意见，核心的争论是认为其将宗教与信仰混为一谈，由于中国没有一元化的宗教而认为中国没有信仰。另外，易中天先生认为中国“没有创世神，就没有终极创造者，没有终极关怀，就没有彼岸概念，因此我们无信仰”。反对者们认为，实际上超验的精神活动在中国从古至今都很普遍，虽然中国人的信仰呈现杂乱状态，但还是有信仰的，毛泽东说：“教可无，信不可少。”周恩来也明确指出“有的信仰是有宗教形式，有的信仰没有宗教形式”，人类可以信奉超自然的神以外，还可以信奉非超自然的。

暂且抛开争议，在当今中国，人们的精神层面的确遭遇了信仰危机。易中天先生所提及的“东张西望，钱包鼓鼓，六神无主”“信仰危机”“信仰失落”在一定范围内、一定程度上成为不可摆脱的事实。德国伟大哲学家康德有句名言：“有两种东西，我对它们的思考越是深沉和持久，它们在我心灵中唤起的惊奇和敬畏就会日新月异，不断增长，这就是我头上的星空和心中的道德定律。”神于天，圣于地，对社会及公民来说，引导树立正确的信仰和价值观尤为重要。

切磋琢磨

本部分主要讨论了信仰的“起源”问题，导言将信仰分为宗教信仰和世俗信仰两大类，那么，你认为社会主义核心价值观是信仰吗？它又属于哪一种信仰？

无可奈何花落去

导读

本部分以“无可奈何花落去”为主题，重点探究中国人的信仰失落及由此导致的各种危机及思考。

在中国，从孔子排斥自然宗教开始，中国人真正宗教信仰的精神就没落了。孔子追求的“儒教”是一种政治实用主义，是带有宗教色彩的一种政治教化，闻一多在《从宗教论中西风格》一文中称之为“庸俗主义的儒家哲学”。中国的天理、天道，实际上就是人间的道德。这种人与人相处形成的群体的道德力量强大，使中国人自觉地把自己融入群体，把自己的人生追求与价值追求依附于群体。我们在“此岸”的群体，如家族、宗族和团队的荣耀等之中就可以得到安慰，得到精神的寄托与满足。闻一多指出，我们的祖先没有给后人创造出一个至高无上的、神圣的、万能而慈爱的人格神来供自己及后人无条件的皈依和祈祷。

在“此岸”支撑中国人个体生命的，一是迷信、巫术和自然宗教，另一个就是实用主义，如个人崇拜，就是把“此岸”世俗的某个人，英雄、伟人……当作神来崇拜，希望能够把自己的一生为某个非常佩服、非常崇拜的人效命，寄生在他的人格中，这种“信仰”也是伪信仰。所以，梁小斌在《中国，我的钥匙丢了》写一代人曾经“沿着红色大街疯狂地奔跑”，最终却迷失于旷野，因丢失钥匙而无法打开通往心灵和精神世界的大门，体现了1976年之后一代青年对信仰的觉醒与思考。

信仰缺失，使我们缺少一种超越的力量，不能绝对的、热烈的、洒脱而无所畏惧的活着。我们只能屈服于现实利益，畏惧失去现世的东西，所以我们怕死，怕生，容易沦陷于世俗，沦陷为市侩。可能的出路在哪里？张枣在《边缘》中描绘“西红柿”在“空”的边缘世界中，找到了真实的自我，找到自我对生命的深刻领悟，从而获得洞悉生命的喜悦。而曾卓《悬崖边的树》饱含深情地书写了知识分子在苦难下闪光的灵魂，生命像一棵悬崖边上饱经风雨的树，最终是跌进深谷还是展翅飞翔，关键看我们能否在心中建立起独立不移的品格与信念。金钦俊的《姐姐与礼仪》一文，写姐姐因为老年痴呆而忘事，对人事荣辱已皆无知觉，但依然保持了良好的礼仪修养，这种礼仪修养的内核是道德，“德”诚于中，“礼”形于外，礼仪、道德使人更懂得自尊、自爱和敬爱他人，形成了坚如磐石般的生命意志。本质上讲，这些领悟、礼仪、道德、信念都是对“真善美”等人类普适的绝对的精神价值抱有信仰，它不需要依赖至高无上的、神圣的、万能而慈爱的人格神，而是顽强而坚定地长驻于我们生命的深处。

作品

从宗教论中西风格[①]

闻一多

要说明中西人风格的不同，可以从种种不同的方面着眼，从宗教着眼，无疑是一个比较扼要的看法。所谓宗教，有广义的，有狭义的。狭义的讲来，中国人没有宗教，因此我们若能知道这狭义宗教的本质是什么，便也知道了中西风格不同之点在哪里。至于是宗教造成了西洋人的性格，还是西洋人的性格产生了他们的宗教，那是一个鸡生蛋还是蛋生鸡的辩论，我们不去管它。目下我们要认清的一点，是宗教与西洋人的性格是不可分离的。

要确定宗教的本质是什么，最好是溯源到原始思想。生的意志大概是人类一切思想的根苗。人类生活愈接近原始时代，求生意志的强烈，与求生能力的薄弱，愈有形成反比例之势。但是能力愈薄弱，不仅不能减少意志的强烈性，反而增加了它。在这能力与意志不能配合的难关中，人类乃以主观的“生的意识”来补偿客观的“生的事实”之不足，换言之，因一心欲生，而生偏偏是不完整，不绝对的，于是人类便以“死的

① 选自《闻一多作品精选》（长江文艺出版社 2012 年版）。闻一多（1899—1946），生于湖北省黄冈市浠水县。著有新诗集《红烛》《死水》等。

否认”来保证“生的真实”。这是人类思想史的第一页，也实在是一个了不得的发明。我们今天都认为死是一个千真万确的事实，原始人并不这样想。对于他们，死不过是生命途程中的另一阶段，这只看他们对祭祀态度的认真，便可知道。我们也可以说，他们根本没有死的观念，他们求生之心如此迫切，以至忽略了死的事实，而不自觉的做到了庄子所谓“以死生为一体”的至高境界。我说不自觉的，因为那不是庄子那般通过理智的道路然后达到的境界，理智他们绝对没有，他们只是一团盲目的求生的热欲，在热欲的昏眩中，他们的意识便全为生的观念所占据，而不容许那与生相反的死的观念存在，诚然，由我们看来，这是自欺。但是，要晓得对原始人类，生存是那样艰难，那样没有保障，如果没有这点生的信念，人类如何活得下去呢？所以我们说这人类思想史的第一页，是一个了不得的发明。

原始人类不承认死的事实，那不死简直是肉体的不死，这还是可以由他们对祭祀的态度证明的。但是知识渐开，他们终于不得不承认死是一个事实。承认了死，是否便降低了生的信念呢？那却不然。他们承认的是肉体的死，至于灵魂他们依然坚持是不会死的。以承认肉体的死为代价，换来了灵魂不死的信念，在实利眼光的人看来，是让步，是更无聊的自欺，在原始人类看来，却是胜利，因为他们认为灵魂的存在比肉体的存在还有价值，因此，用肉体的死换来了灵魂的不死，是占了便宜。总之他们是不肯认输，反正一口咬定了不死，讲来讲去，还是不死，甚至客观的愈逼他们承认死是事实，主观的愈加强了他们对不死的信念。他们到底为什么要这样倔强，这样执迷不悟？理智能力薄弱吗？但要记得这是理智能力进一步，承认了肉体的死是事实以后的现象。看来理智的压力愈大，精神的信念跳得愈高。理智的发达并不妨碍生的意志，反而鼓励了它，使它创造出一个永生的灵魂。这是人类思想史的第二页，一个更荒唐，也更神妙的发明。

人类由自身的灵魂而推想到大自然的灵魂，本是思想发展过程中极自然的一步。想到这个大自然的灵魂实在就是人类自己的灵魂的一种投射作用，再想到这投射出去的自己，比原来的自己几乎是无限倍数的伟大，并又想到在强化生的信念与促进生的努力中，人类如何利用这投射出去的自己来帮助自己——想到这些复杂而纡回的步骤，更令人惊讶人类的“其愚不可及”，也就是他的其智不可及。如今人毕竟承认了自己无能，因为他的理智又较前更发达了一些，他认清了更多的客观事实，但是他就此认输了吗？没有。人是无能，他却创造了万能的神。万能既出自无能，那么无能依然是万能。如今人是低头了，但只向自己低头，于是他愈低头，自己的地位也愈高。你反正不能屈服他，因为他有着一个铁的生命意志，而铁是愈锤炼愈坚韧的。这人类思想史的第三页，讲理论，是愈加牵强，愈加支离，讲实用，却不能不承认是不可思议的神奇。

如果是以贿赂式的祭祀为手段，来诱致神的福佑或杜绝神的灾祸，或有时还不惜用某种恫吓式的手段，来要挟神做些什么或不做些什么——对神的态度，如果是这样，那便把神的能力看得太小了。人小看了神的能力其实也就是小看了自己的能力，严格的讲，可以恫吓与贿赂的手段来控制的对象，只能称之为妖灵或精物，而不是神，因之，这种信仰也只能算作迷信，而不是宗教。宗教崇拜的对象必须是一个至高无上的，神圣的，万能而慈爱的神，你向他只有无条件地依皈和虔诚地祈祷。你的神愈是全德与万能，愈见得你自己全德与万能，因为你的神就是你所投射出去的自身的影子。既然神就是像自己，所以他不妨是一个人格神，而且必然是一个人格神。神的形象愈像你自己，愈足以证明是你的创造。正如神的权力愈大，愈足以反映你自己权力之大。总之，你的神不能太不像你自己，不像你自己，便与你自己无关，他又不能太像你自己，太像你自己，便暴露了你的精神力量究竟有限。是一个不太像你，又不太不像你的全德与万能的人格神，不多不少，恰恰是这样一个信仰，才能算作宗教。

按照上述的宗教思想发展的程序和它的性质，我们很容易辨明中西人谁有宗教谁没有宗教。第一，关于不死的问题，中国人最初分明只有肉体不死的观念，所以一方面那样着重祭祀与厚葬，一方面还有长生不老和白日飞升的神仙观念。真正灵魂不死的观念，我们本没有，我们的灵魂观念是外来的，所以多少总有点模糊。第二，我们的神，在下层阶级里，不是些妖灵精物，便是人鬼的变相，因此都太像我们自己了，在上层阶级里，他又只是一个观念神而非人格神，因此又太嫌不像我们自己了。既没有正的灵魂观念，又没有一个全德与万能的人格神，所以说我们没有宗教，而我们的风格和西洋人根本不同之处恐怕也便在这里。我们说死就是死，他们说死还是生，我们说人就是人，他们说不是，人是神。我们对现实屈服了，认输了，他们不屈服，不认输，所以他们有宗教而我们没有。

我们在上文屡次提到生的意志，这是极重要的一点，也许就是问题的核心。往往有人说弱者才需要宗教，其实是强者才能创造宗教来扶助弱者，替他们提高生的情绪，加强生的意志。就个人看，似乎弱者更需要宗教，但就社会看，强者领着较弱的同类，有组织的向着一个完整而绝对的生命追求，不正表现那社会的健康吗？宗教本身尽有数不完的缺憾与流弊，产生宗教的动机无疑是健康的。有人说西洋人的爱国思想和恋爱哲学，甚至他们的科学精神，都是他们宗教的产物，他们把国家，爱人和科学的真理都“神化”了，这话并不过分。至少我们可以说，产生他们那宗教的动力，也就是产生那爱国思想，恋爱哲学和科学精神的动力。不是对付的，将就的，马马虎虎的，在饥饿与死亡的边缘上弥留着的活着，而是完整的，绝对的活着，热烈的活着——不是彼此都让步点的委曲求全，所谓“中庸之道”式的，实在是一种虚伪的活，而是一种不折不扣的，不是你死我活，便是我死你活的彻底的，认真的活——是一种失败在今生，成功在来世的永不认输，永不屈服的精神。这便是西洋人的性格。这性格在他们的宗教中表现得最明显，因此也在清教徒的美国人身上表现得最明显。

人生如果仅是吃饭睡觉，寒暄应酬，或囤积居奇，营私舞弊，那许用不着宗教。但人生也有些严重关头，小的严重关头叫你感着不舒服，大的简直要你的命，这些时候来到，你往往感着没有能力应付它，其实还是有能力应付，因为人人都有一副不可思议的潜能。问题只在用一套什么手法把它动员起来。一挺胸，一咬牙，一转念头，潜能起来了，你便能排山倒海，使一切不可能的变为可能了。那不是技术，而是一种魔术。那便是宗教。中国人的办法，似乎是防范严重关头，使它不要发生，借以省却自己应付的麻烦。这在事实上是否可能，姑且不管，即使可能，在西洋人看来，多么泄气，多么没出息！他们甚至没有严重关头，还要设法制造它，为的是好从那应付的挣扎中得到乐趣。没事自己放火给自己扑灭，为的是救火的紧张太有趣了，如果救火不熄，自己反被烧死，那殉道者的光荣更是人生无上的满足！你说荒谬绝伦，简直是疯子！对了，你就是不会发疯，你生活里就缺少那点疯，所以你平庸，懦弱。人家在天上飞时，你在粪坑里爬！

中西风格的比较？你拿什么跟人家比？你配？尽管有你那一套美丽的名词，还是掩不住那渺小，平庸，怯懦，虚伪，掩不住你的小算盘，你的偷偷摸摸，自私自利，和一切的丑态。你的孝悌忠信，礼义廉耻，和你古圣先贤的什么哲学只令人作呕，我都看透了！你没有灵魂，没有上帝的国度，你是没有国家观念的一盘散沙，一群不知什么是爱的天阉（因此也不知什么是恨），你没有同情，也没有真理观念。然而你有一点鬼聪明，你的繁殖力很大。因为聪明所以会鼠窃狗偷——营私舞弊，囤积居奇。因为繁殖力大，所以让你的同类成千成万的裹在清一色的破棉袄里，排成番号，吸完了他们的血，让他们饿死，病死……这是你的风格，你的仁义道德！你拿什么和人家比！

没有宗教的形式不要紧。只要有产生宗教的那股永不屈服，永远向上追求的精神，换言之，就是那铁的生命意志，有了这个，任凭你向宗教以外任何方向发展都好，怕的是你这点意志，早被瘪死了，因此除了你那庸俗主义的儒家哲学以外，不但宗教没有，旁的东西也没有。更可怕的是宗教到你手里，也变成了庸俗，虚伪，和鼠窃狗偷的工具。怕的是你只存在，而没有生活，因为你的生命的前提是败北主义，和你那典型的口号"没有办法！"于是你只好嘲笑，说俏皮话。是啊，你有聪明，有繁殖力，所以你可以存在（耗子苍蝇不也存在吗?）。但你没有生活，因为我看透了你，你打头就承认了死是事实，那证明了你是怕死的。唯其怕死，所以你也怕生，你这没出息的"四万万五千万"！

赏析

闻一多先生深刻地认识到人类的思想史是不断往前迈进的，宗教、信仰是逐步建立的。由于生是不完整、不绝对、不能永恒的，西方人便以"死的否认"来保证"生的真实"，这是西方思想迈进的第一步。在没有保障的艰难生存中，生的信念与意志，使之创造出一个"永生的灵魂"，这是西方思想迈进的第二步。人的生命不能永恒，生命力是有限的、是无能的，于是人就创造了一个至高无上的、神圣的、万能而慈爱的"人格神"，来供自己无条件的皈依和虔诚的祈祷。有了这个万能的神在灵魂深处支撑生命，便形成了宗教的信仰，而宗教信仰使人拥有了一个铁的生命意志，外部环境越锤炼他，他的生命越坚韧，这是西方思想迈进的第三步。

人类社会需要信仰的支撑，作者认为社会需要强者领着较弱的同类，有组织地去追求一个完整而绝对的生命，让永生的灵魂、万能的人格神来支撑每一个微弱的生命，使每一个生命都能像铁一样越锤炼越坚韧，永不认输，永不屈服，不怕死，也不怕生，有做人的出息。

当然，信仰并非只有宗教一条路可走。西方的宗教并不完美，中国文化本身也有很多优秀的成分，中国人也并非一定要有宗教的形式。在国际化全球化的今天，我们要做的，是要发掘出中国文化中有生命力的精华，加以传承，同时以开阔的视野与博大的胸襟包容吸收西方优秀的文化，在中西方优秀文化的交融中，培养出那股永不屈服、永远向上追求的精神——铁一般坚定的生命意志。

作品

中国，我的钥匙丢了①

梁小斌

中国，我的钥匙丢了。

那是十多年前，
我沿着红色大街疯狂地奔跑，
我跑到了郊外的荒野上欢叫，
后来，
我的钥匙丢了。

心灵，苦难的心灵，
不愿再流浪了，
我想回家
打开抽屉，翻一翻我儿童时代的画片，
还看一看那夹在书页里的
翠绿的三叶草。

而且，
我还想打开书橱，

① 选自《中国，我的钥匙丢了》（时代文艺出版社 2000 年版）。梁小斌，1954 年生，合肥人。著有《中国，我的钥匙丢了》《雪白的墙》等。

取出一本《海涅歌谣》，
我要去约会，
我向她举起这本书，
作为我向蓝天发出的
爱情的信号。

这一切，
这美好的一切都无法办到，
中国，我的钥匙丢了。
天，又开始下雨，
我的钥匙啊，
你躺在哪里？
我想风雨腐蚀了你，
已经锈迹斑斑了。
不，我不那样认为，
我要顽强地寻找，
希望能把你重新找到。

太阳啊，
你看见我的钥匙了吗？
愿你的光芒，
为它热烈地照耀。

我在这广大的田野上行走，
我沿着心灵的足迹寻找，
那一切丢失了的，
我都在认真思考。

赏析

《中国，我的钥匙丢了》写于1979年，作者梁小斌是“朦胧诗派”的代表人物。这首诗以孩童的口吻写就，语言风格自由纯净，但深具朦胧诗反思和控诉的精神，体现了1976年之后一代青年的觉醒与思考。

作者选取的意象是“钥匙”，这把钥匙通往儿童时代的画片、三叶草、《海涅歌谣》与爱情。“我”丢失了钥匙，就丢失了这一切美好。作者虽然用一颗童心看世界，从“丢失钥匙”这件小事生发开去，但他倾诉的对象却显示出诗歌所承载的情感是沉重而痛苦的，远非一颗童心所能承受。标题中的“中国”将诗的内涵扩展到更广阔深远的民族历史中，当“我”面对“中国”，“我”就不是一个人在呐喊，“我”所代表的是一代人“苦难的心灵”。这一代人曾经“沿着红色大街疯狂地奔跑”，迷失于旷野，因丢失钥匙而无法打开通往心灵和精神世界的大门。然而，梁小斌并没有止步于丢失钥匙的痛苦。诗作的后半部分，“我”一直在坚持不懈地追寻，相信钥匙依然能在太阳的照耀下光彩夺目。诗歌结尾写道：“我沿着心灵的足迹寻找，那一切丢失了的，我都在认真思考。”体现出朦胧诗固有的反思性，一代人也在对历史的反思中重新建构价值观。

《中国，我的钥匙丢了》在当时的诗坛掀起轩然大波，被称为“新时期文学代表作”。但在2007年纪念中国新诗诞辰90周年的活动研讨会上，梁小斌重新审视了这首《中国，我的钥匙丢了》，认为它违背了“说真话”的原则，并为之忏悔。在梁小斌看来，他只是一个随波逐流、阐释政治生活的写手。当他写作时，并无真正的思想锋芒直指心底。在写出“钥匙”之前，梁小斌也讴歌过知识青年上山下乡；在粉碎“四人帮”之后，便立即将“卷着红旗到食堂去吃饭”的质朴生活重新定义为“苦难”。梁小斌说：“如今的青年诗人们看上去什么事情都未参与，当别人把‘腐朽’的大厦盖起来之后，他们猛然成为一个拆建筑的人。”但事实上他们也参与过轰轰烈烈的时代浪潮，并在其中推波助澜，只是利用文学作品的控诉主义将自己打扮成纯然的受害者，涂抹出一场骗局。

暂且不论梁小斌是否应该忏悔，值得肯定的是他反思自己这一行为。虽然他否定《中国，我的钥匙丢了》，甚至提出要把它从诗歌经典中永远抹去，但他背负着耻辱所走的每一步路，都是在延续这首诗传达给我们的精神。梁小斌反思的结果是“一个诗人必须对他写的诗承担责任”“让诗歌发出真正的声音”，于是他站出来忏悔，并转变了诗歌风格。梁小斌的后期创作不再代表“我们”，不再美化自我，不再传达时代的最强音，转而以个人为起点，深入、冷静地探索世界。至此，我们可以相信，梁小斌终于找到了他丢失的钥匙。

作品

边　　缘①

张　枣

像只西红柿躲在秤的边上，他总是躺着。有什么闪过，警告或燕子，但他一动不动，守在小东西的旁边。秒针移到十点整，闹钟便邈然离去了；一支烟也走了，携着几副变了形的蓝色手铐。他的眼镜，云，德国锁。总之，没走的都走了。

空，变大。他隔得更远，但总在某个边缘：齿轮的边上，水的边上，他自个儿的边上。他时不时望着天，食指向上，练着细瘦而谵狂的书法："回来"！果真，那些走了样的都又返回了原样：新区的窗满是晚风，月亮酿着一大桶金啤酒；秤，猛地倾斜，那儿，无限，像一头息怒的狮子卧到这只西红柿的身边。

赏析

《边缘》写于1997年，是诗人张枣20世纪90年代诗歌风格的代表作。这首诗具有鲜明的现代诗歌特征，用臧棣的话说即"一是自我意识，二是诗歌的思维过程"。《边缘》

① 选自《春秋来信》(北京十月文艺出版社2017年版)。张枣（1962—2010），湖南长沙人。著有《春秋来信》《中国文化现代性研究》等。

这首诗整体描写都很抽象，它所呈现出来的是诗人自身的意识波动，诗歌过程就是诗人对作品主题“边缘”的生命体验。

边缘是现代文学中一个常见的主题，边缘形象也经常是现代文学中的英雄形象。边缘意味着孤独、凄凉、疏离和悲剧色彩，同时也意味着保持独立思考的姿态。张枣这首诗所要表达的，就是一个边缘人的生存感受。

诗歌总体可以分为三个阶段。第一阶段的轴心：“像只西红柿躲在秤的边上，他总是躺着”，描述出人在边缘的状态。“他”是作者的化身，也是现代人的缩影。所谓边缘，须有一个参照物。张枣用“秤”这个意象指代了边缘所参照的中心。秤是一种度量工具，它的意义在诗中可以延伸为现代社会对人的衡量规范、价值取向。而这种衡量往往指向功利主义。“他”躺在被度量的边缘，静止。外界闪过的“警告”和“燕子”都无法使其动摇。最终，“闹钟”走了，物理时间和世界对“他”而言失去了意义。“他”完全沉入自己的边缘情境，这是一个“空”的世界。诗歌在此进入第二阶段，在这个“空”的边缘世界中，“他”找到了真实的自我。张枣对中国古典诗歌和古典文化有很深的情结，这里的“空”类似于禅宗所说的“空”，区别于空虚、虚无等负面情感，是对生命的某种领悟。在这里，“他隔得更远”，总是处于万事万物的边缘。摆脱外物，却更能洞悉生命的喜悦。诗歌的第三阶段，便是描述在深入边缘情境后的绝妙体验。在这里，“他”能够将所有消失的东西召唤回来，将扭曲的东西复位。“秤”所代表的衡量标准也被诗人重新定义，它“猛地倾斜”，倒向了“西红柿”，与诗人自身的价值观最终达成一致。

《边缘》虽然是写现代人与边缘的关系，却没有这个主题通常的晦暗、焦虑和厌世色彩。它整体表达的是诗人“悟”的过程，顺着诗人的思想脉络，我们从“西红柿”对“秤”的逃避走向二者的和解，诗人的心境也获得了体认自我后的融洽自如。

张枣是一个很有“边缘自觉”的诗人，他的创作排斥宏大的主题，更加注重个体的内心感受和生存体验。就像在这首诗中，让“他”一动不动守在一旁的是“小东西”，所谓“小东西”，是区别于世俗判定标准中的重大事物而言的。而对这个“小东西”的触动，带来了认识的深刻性。面对现代人的边缘困境，张枣将他的经验和体悟写成《边缘》。这首诗向我们提供了一种认知层面上的可能性，也是一条体察自我的有效途径。

作品

悬崖边的树[1]

曾 卓

不知道是什么奇异的风
将一棵树吹到了那边——
平原的尽头
临近深谷的悬崖上

它倾听远处森林的喧哗
和深谷中小溪的歌唱
它孤独地站在那里
显得寂寞而又倔强

它的弯曲的身体
留下了风的形状
它似乎即将倾跌进深谷里
却又像是要展翅飞翔……

① 选自《曾卓抒情诗选》（中国文联出版公司 1988 年版）。曾卓（1922—2002），生于湖北武汉。著有诗集《门》《悬崖边的树》等。

赏析

曾卓17岁开始写诗，抗战时期是七月诗派的代表诗人之一，人生跌宕，却意志坚定。他创作于1970年的《悬崖边的树》，是一首自况诗。诗人用通俗、简练的几句话塑造出一个虽濒临危难却威武不屈的战斗者形象。

整首诗的节奏缓而不慢，调子低而不沉，意象构思巧妙，语言含蓄凝练，写景抒情自然平淡，在清新怡然的格调中蕴藏着一丝生命的真谛。

表面上诗人是在写树，“奇异的风”将树莫名其妙地吹到了悬崖边上。它“孤独地站在那里”，不免“显得寂寞”，但它并不屈服，抗拒着命运的不公。孤独而无助的它似乎被喧嚣的世界所遗弃，但它依旧“倾听远处森林的喧哗和深谷中小溪的歌唱”。在这里，诗人饱含深情地书写森林的喧哗与小溪的歌唱，以此来渲染树对自由、爱的向往与渴望。它们就像一丝阳光划破了天空的阴霾，又像一股力量激励着树坚持向上，给读者以希望。诗的最后一句是点睛之笔，在人们为这棵树的命运担忧时，作者笔锋一转，写出树的决心和意志：展翅飞翔，给人一种蓬勃向上的力量。“跌进深谷”和“展翅飞翔”是截然不同的两个极端，然而作者把它们有机地糅合在一起，于矛盾中体现树的精神和自己的感情。

诗的深层其实是写诗人自己，也是写那个严酷时代的受难者。那股从1950年一直刮到1975年的“奇异的风”将诗人吹到了命运的“悬崖上”——他被卷入了“胡风反革命集团”的大风暴。尽管他困惑、不满，流逝的岁月在他身上留下“风的形状”，但是他并没有自暴自弃，他依旧渴望美好，远远倾听着时代的涛声浪语，在艰难处境中塑造独立不倚的人格，坚守内心的诗性本真。于是，当别人认为他即将跌入深渊、粉身碎骨时，他却欲展翅飞翔。

《悬崖边的树》之所以能超越时代，引发普遍的共鸣，不仅仅是因为它饱含深情地书写了知识分子在苦难下闪光的灵魂，更是因为它写出了诗人深刻的人生洞察与感悟，蕴含着思想的锋芒，给读者以警醒的力量。他将生命浓缩成一棵树，用这独特的比喻告诉人们：生命像一棵树，注定要孤独地承受许多风雨，美好的结局往往在惊心动魄的经历之后，关键就在于我们有独立不移的品格和对理想的憧憬。

作品

姐姐与礼仪[1]

金钦俊

人在成长过程中总会养成某种习惯，它具有极强的稳定性与表现力，时时不自知地出现在言谈举止中。早在欧洲文艺复兴时期，法国思想家和散文家蒙田便说过：“习惯是人类的第二天性。”“天性”本指人先天具有的品质或性情，难以移易，而后天养成的“习惯”却能与其匹敌，可见其作用力之强大。人们常会有这样的经历：做某件事，尤其是常做之事，无须经仔细思量便习惯性地做完了，这就是前人说的“习惯成自然”，正与蒙田看法吻合，都是难得的智慧语。

这番感想是近来一件事引发的。我高龄的姐姐两年前得了老年痴呆症，平日常闭目静坐，极少言语，若有人跟她说话，她不是摇头便是答非所问，令人凄然发笑。我两次专程去探望她，她连我这个亲弟弟也不认得，任你再怎么启发诱导，大谈往日相处的趣事和欢乐，她就是全然记不起，令我黯然神伤。不过在她空濛濛的脑海里还是有那么一点儿亮光，令我既高兴又出奇。比如我进门来，她见是个男的，便说：“阿兄，请坐，

① 选自《记忆树上的杂花》（花城出版社 2016 年版）。金钦俊，1935 年生，汕头人，中山大学中文系教授。著有《新诗三十年》《记忆树上的杂花》等。

请坐!”如来人是女性，便称为“阿姐”。这“阿兄”“阿姐”是家乡对成年人的通称，并不包括自己的兄弟姊妹，姐姐该称我为“弟弟”却称“阿兄”，显系已不认得。待我或来客坐下，她又会吩咐身边照料她的小女儿阿娟说：“冲茶，冲茶!”这也是家乡人以茶待客的习惯用语，见出她平日热情好客。在长时间对坐中她虽无法与我对话交流，但到我起身告辞时她又会说：“阿兄，慢走，有空常来坐。”用语一若平时，清楚无误，语态也自然优雅。痴呆了还能有此表现已然令我惊喜不已，而更大的惊喜或说惊奇是这么一个细节：吃过晚饭后她坐在藤椅上打瞌睡，头歪在一边。我外甥见她累了便扶她进房，想让她上床休息，谁知她刚踏进卧室便醒觉过来，对我外甥说：“客人还在座，我不能离席。”让孩子扶她返回客厅坐下陪客。当时，而且直到现在，我都无法以言辞或文字记叙其时我内心多感交集的心情，那是怎样一种惊奇、感动、喜悦而又夹带浓重感伤的情感体验呀!

我不懂生理学，无法科学解释我姐姐这种超常表现。我只粗浅知道，人的记忆分辨等思维活动都得通过大脑皮层这一人的高级神经系统的中枢才得以进行，也许是我姐姐从小受过良好的家教，令一些人际交往的礼俗深深镌刻在她的脑壁，无情的岁月也无法令其褪迹，在失忆多时之后仍电光石火般迸发出来。

看到这里，也许有人会以为我姐姐大概受过良好的教育或职场的历练。非也，我姐姐只念过小学，虽经自学可以看书看报，也只是粗通文墨而已。而且她是一个家庭妇女，从未有过职业训练，普通一如雨天的水滴、林中的落叶，路过的人绝不会留意到它的存在。

那么，这良好的礼仪修养该归功于谁呢?该归功于我父母亲自小时对我们兄弟姊妹的教诲。我父亲是个机关职员，算是有文化之人，但也只上过中学。我母亲小时读了一点私塾，连书信都不会写。但他们认定礼俗教育应是儿童的必修课，比认字学文化更重要。这礼俗教育中人际交往的谦敬、礼让等待客之道尤受重视，这让我们做子女的受益良多。我姐姐便是在这种家庭教育氛围中成长的，自然不会粗鲁无礼，而颇有点大家闺秀知书识礼的味儿了。

更往前推的话，我父母亲又得归功于传统礼仪的熏陶和潜移默化。孔夫子早就说过：“君子敬而无失，与人恭而有礼。”为人际交往定下了准则，接下来的两句话，更是大家习知的“四海之内，皆兄弟也”，即和谐社会、太平世界，足见他老人家早就知道和谐社会的建设和实现是离不开礼仪的，你说伟大不伟大？据我所知，宋代以后家庭礼仪备受重视，司马光的《家范》、朱熹的《朱子家礼》等为人习知并躬行，其中便包括了个人礼仪、家庭礼仪、社交礼仪、习俗礼仪诸多内容，是其时中国人文精神的绝佳体现，也是其时社会文明的标尺之一，“礼仪之邦”之称中国当之无愧。

礼仪的内核是道德，只有“德”诚于中，才能“礼”形于外，所以礼仪教习和道德应该一起抓，从孩童时期培养起。《弟子规》虽有一些糟粕，但还是旧时对少年儿童进行道德和礼仪教育的合宜教材。听说英国人对孩子进行绅士教育，几岁大的孩子便让穿西服、打领带，练站姿、走姿、坐姿，学习一些上流社会的交际用语与基本礼节，好让他们长大后成为彬彬有礼、举止高雅的具有绅士风度的人士。我觉得这番教育是有好处的，它可以使人更懂得自尊和自爱，并在此基础上去敬爱他人，社会因而具有一个无形的协调人际关系的调节器或说助推器，这是英式文明的成就之一，值得我们借鉴。

附带说到我自己。我在 70 岁后仍自告奋勇在大学开设礼仪课程，校领导将它作为大学生素质教育的一门重要课程，让我在全校开设公选课，结果报名踊跃，达到“秒杀”的程度，让我大受鼓舞。我作别执教大半辈子的中国现代文学专业课程去开设这门与专业课八竿子也打不着的课程，可说是“不务正业”之至，但我乐在其中。我认为只要学生愿意学，并且切实受益便都是“正业”。有时我还到社会上去开一点礼仪讲座，向各阶层人士特别是年轻人普及礼仪知识。假若还有这样的机会，我会以我姐姐上述例子去劝勉人们多点学礼、行礼，展现自己的风度与魅力。

我的平凡又平凡的姐姐，尽管你对荣辱已皆无知觉，我还是要大声对你说：你是好样的！

赏析

这是一篇语言平实、情佳理明的小品文。而情与理又依托在叙述的基础上。

文章记述了“我”亲眼所见，亲身所经历的发生在高龄姐姐身上的两个细节。姐姐患上了老年痴呆症，不记得“我”这个弟弟，对于“往日相处的趣事和欢乐”更是“全然记不起”，“令我黯然神伤”。可是，让“我”惊讶的是当有人去探望她时，她能礼貌地打招呼并让自己的女儿招待客人。“阿兄，请坐，请坐！”“阿兄，慢走，有空常来坐”，言语中看不出与常人有异，且“语态”“自然优雅”，“痴呆了还能有此表现已然令我惊喜不已”，言辞中流露出“我”对姐姐的表现感到自豪。

而作者记述另一个更让他难忘的细节。

> 吃过晚饭后她（姐姐）坐在藤椅上打瞌睡……我外甥见她累了便扶她进房……谁知她刚踏进卧室便醒觉过来，对我外甥说：“客人还在座，我不能离席。”让孩子扶她返回客厅坐下陪客。

在这一段的叙述当中，作者的用词十分值得玩味，“谁知”表示出人意料，姐姐的行为让作者始料未及。一个“刚”字又紧跟着一“便”字，表示瞬间的反应，看出这种礼仪的观念植根在姐姐的潜意识里，深入骨髓，就像本能一样，正如作者第一段引用蒙田的话“习惯是人类的第二天性”。姐姐的行为让作者百感交集，千言万语汇成一句话：“那是怎样一种惊奇、感动、喜悦而又夹带浓重感伤的情感体验呀！”这样的句子读起来真切动人！

以上是情感的体现，但本文的意义不止于此，作为学者，作者有着更高远的眼界。文章接着分析了姐姐的这种行为得益于父母的教育，而父母的教育又来源于传统礼仪的熏陶与浸染，这就使文章有了广度。文章进一步指出“礼仪的内核是道德”，“所以礼仪教习和道德应该一起抓”。这样的提法有着极强的现实意义。君不见，地铁上，看见老弱病残不让座装睡者有之；家校内，晚辈顶撞辱骂甚至殴打长辈者有之；岗位上，烦躁冷淡大呼小叫待人者有之。凡此种种，不一而足。在作者看来，礼仪才“可以使人更懂得自尊和自爱，并在此基础上去敬爱他人”，这样才能实现和谐的社会理想。

切磋琢磨

朱光潜先生认为：“神话时代是民族的婴儿时代。中国是一个早慧的民族，老早就把婴儿时代的思想信仰丢开，脚踏实地地过成人的生活。”你认为中华民族早慧的原因是什么？中华民族秉承着什么样的信仰来“脚踏实地地过成人的生活”？

柳暗花明又一村

导读

本部分以“柳暗花明又一村”为主题，旨在从不同方面、不同维度去整合、建构属于中国人的人文信仰。五篇选文分别探讨了不同的人文精神信仰核心：20世纪初的中国是一个宗教纷争、容忍缺失的时代，人与人之间充满着苛刻不容忍的空气。胡适在《“容忍”比“自由”更重要》中强调任何人都要对新思想、新学术、新信仰、新艺术有所包容与忍让。而这种容忍，将会给社会上每一个人带来信仰上、观念上、精神上的自由。五四时期，人们开始重新审视自我，思考生存的意义。许地山的《春桃》塑造了一个具有张扬的反叛思想、坚定的独立信念和自发的仁爱情怀的女性人物——春桃，借此表达生存和生命的意义。“文化大革命”时期，许多知识分子成为那个严酷时代的受难者，但是他们并没有自暴自弃。张炜的散文《融入野地》以一颗赤子之心，热烈地抒发对野地、对自然、对故土的无限深情。他把自然作为精神理想的主要寄托对象，通过自然万物的呈现，展示其对生态理想的憧憬与想象。钱理群在《理想的幸福生活（节选）》中以鲁迅关于“致人性于全”的讨论为核心，希望现代人建立一种信仰：在满足人的物质欲望和精神自由发展之间，要取得一种平衡，保证人性的全面、健康发展。林清玄的《在云上》摘取生活中最平常的场景，为我们传递着超越智慧的人生理念、喜乐逍遥的生命境界。他的文字就像一弯明月，照耀着人类被物质文化笼罩下逐渐蒙蔽的心灵。

人文信仰的建构，可以从根本上塑造中华民族的民族性格与内在精神，与民族复兴密不可分。历史文明螺旋上升，时代河流大浪淘沙。优秀的传统品德与时代精神相结合的人文信仰是中国人安身立命的最高架构。当下若要建构属于中国人的人文信仰，就要探寻源流、厘清现实，进而汲取中华民族的优秀传统品德，只有着重于结合新时代的精神旨趣，方能真正实现民族复兴。

作品

“容忍”比“自由”更重要①

胡　适

十七八年前，我最后一次会见我的母校康耐儿大学的史学大师布尔先生（George Lincoln Burr）。我们谈到英国文学大师阿克顿（Lord Acton）一生准备要著作一部《自由之史》，没有写成他就死了。布尔先生那天谈话很多，有一句话我至今没有忘记。他说：“我年纪越大，越感觉到容忍（Tolerance）比自由更重要。”

布尔先生死了十多年了，他这句话我越想越觉得是一句不可磨灭的格言。我自己也有“年纪越大，越觉得容忍比自由还更重要”的感想。有时我竟觉得容忍是一切自由的根本：没有容忍，就没有自由！

我十七岁的时候（1908）曾在《竞业旬报》上发表几条《无鬼丛话》，其中有一条是痛骂小说《西游记》和《封神榜》的，我说：

> 《王制》有之：“假于鬼神时日卜筮以疑众，杀。”吾独怪夫数千年来之排治权者，之以济世明道自期者，乃懵

① 节选自《容忍与自由》（北京理工大学出版社 2016 年版），有改动。胡适（1891—1962），安徽绩溪人。著有《中国哲学史大纲（上）》《尝试集》等。

然不之注意，惑世诬民之学说得以大行，遂举我神州民族投诸极黑暗之世界！

这是一个小孩子很不容忍的“卫道”态度。我在那时候已是一个无鬼论者、无神论者，所以发出那种摧除迷信的狂论，要实行《王制》（《礼记》的一篇）的“假于鬼神时日卜筮以疑众，杀”的一条经典！

我在那时候当然没有梦想到说这话的小孩子在十五年后（1923）会很热心地给《西游记》作两万字的考证！我在那时候当然更没有想到那个小孩子在二三十年后还时时留心搜求可以考证《封神榜》的作者的材料！我在那时候也完全没有想想《王制》那句话的历史意义。那一段《王制》的全文是这样的：

析言破律，乱名改作，执左道以乱政，杀。作淫声异服奇技奇器以疑众，杀。行伪而坚，言伪而辩，学非而博，顺非而泽以疑众，杀。假于鬼神时日卜筮以疑众，杀。此四诛者，不以听。

我在五十年前，完全没有懂得这一段话的“诛”正是中国专制政体之下禁止新思想、新学术、新信仰、新艺术的经典的根据。我在那时候抱着“破除迷信”的热心，所以拥护那“四诛”之中的第四诛：“假于鬼神时日卜筮以疑众，杀。”我当时完全没有想到第四诛的“假于鬼神……以疑众”和第一诛的“执左道以乱政”的两条罪名都可以用来摧残宗教信仰的自由。我当时也完全没有注意到郑玄注里用了公输般作“奇技异器”的例子；更没有注意到孔颖达《正义》里举了“孔子为鲁司寇七日而诛少正卯”的例子来解释“行伪而坚，言伪而辩，学非而博，顺非而泽以疑众，杀”。故第二诛可以用来禁绝艺术创作的自由，也可以用来“杀”许多发明“奇技异器”的科学家。故第三诛可以用来摧残思想的自由，言论的自由，著作出版的自由。

我在五十年前引用《王制》第四诛，要“杀”《西游记》《封神榜》的作者。那时候我当然没有想到十年之后我在北京大学教书时就有一些同样“卫道”的正人君子也想引用《王制》的第三诛，要“杀”我和我的朋友们。当年我要“杀”人，后来人要“杀”我，动机是一样的：都只因为动了一点正义的火气，就都失掉容忍的度量了。

我自己叙述五十年前主张“假于鬼神时日卜筮以疑众，杀”的故事，为的是要说明我年纪越大，越觉得“容忍”比“自由”还更重要。

我到今天还是一个无神论者，我不信有一个有意志的神，我也不信灵魂不朽的说法。

我自己总觉得，这个国家，这个社会，这个世界，绝大多数人是信神的，居然能有这雅量，能容忍我的无神论，能容忍我这个不信神也不信灵魂不灭的人，能容忍我在国内和国外自由发表我的无神论的思想，从没有人因此用石头掷我，把我关在监狱里，或把我捆在柴堆上用火烧死。我在这个世界里居然享受了四十多年的容忍与自由。我觉得这个国家，这个社会，这个世界对我的容忍度量是可爱的，是可以感激的。

所以我自己总觉得我应该用容忍的态度来报答社会对我的容忍。所以我自己不信神，但我能诚心地谅解一切信神的人，也能诚心地容忍并且敬重一切信仰有神的宗教。

我要用容忍的态度来报答社会对我的容忍，因为我年纪越大，我越觉得容忍的重要意义。若社会没有这点容忍的气度，我决不能享受四十多年大胆怀疑的自由，公开主张无神论的自由了。

在宗教自由史上，在思想自由史上，在政治自由史上，我们都可以看见容忍的态度是最难得、最稀有的态度。人类的习惯总是喜同而恶异的，总不喜欢和自己不同的信仰、思想、行为。这就是不容忍的根源。不容忍只是不能容忍和我自己不同的新思想和新信仰。一个宗教团体总相信自己的宗教信仰是对的，是不会错的，所以它总相信那些和自己不同的宗教信仰必定是错的，必定是异端，邪教。一个政治团体总相信自己的政治主张是对的，是不会错的，所以它总相信那些和自己不同的政治见解必定是错的，必定是敌人。

一切对异端的迫害，一切对“异己”的摧残，一切宗教自由的禁止，一切思想言论的被压迫，都由于这一点深信自己是不会错的心理。因为深信自己是不会错的，所以不能容忍任何和自己不同的思想信仰了。

试看欧洲的宗教革新运动的历史。马丁·路德（Martin Luther）和约翰·高尔文（John Calvin）等人起来革新宗教，本来是因为他们不满意于罗马旧教的种种不容忍，种种不自由。但是新教在中欧、北欧胜利之后，新教的领袖们又都渐渐走上了不容忍的路上去，也不容许别人起来批评他们的新教条了。高尔文在日内瓦掌握了宗教大权，居然会把一个敢独立思想，敢批评高尔文的教条的学者塞维图斯（Servetus）定了“异端邪说”的罪名，把他用铁链锁在木桩上，堆起柴来，慢慢地活烧死。这是1553年10月23日的事。

这个殉道者塞维图斯的惨史，最值得人们的追念和反省。宗教革新运动原来的目标是要争取“基督教的人的自由”和“良心的自由”。何以高尔文和他的信徒们居然会把一位独立思想的新教徒用慢慢的火烧死呢？何以高尔文的门徒（后来继任高尔文为日内瓦的宗教独裁者）柏时（de Beze）竟会宣言“良心的自由是魔鬼的教条”呢？

基本的原因还是那一点深信我自己是“不会错的”的心理。像高尔文那样虔诚的宗教改革家，他自己深信他的良心确是代表上帝的命令，他的口和他的笔确是代表上帝的意志，那么他的意见还会错吗？他还有错误的可能吗？在塞维图斯被烧死之后，高尔文曾受到不少人的批评。1554年，高尔文发表一篇文字为他自己辩护，他毫不迟疑地说：“严厉惩治邪说者的权威是无可疑的，因为这就是上帝自己说话。……这工作是为上帝的光荣战斗。”

上帝自己说话，还会错吗？为上帝的光荣作战，还会错吗？这一点“我不会错”的心理，就是一切不容忍的根苗。深信我自己的信念没有错误的可能（infallible），我的意见就是“正义”，反对我的人当然都是“邪说”了。我的意见代表上帝的意旨，反对我的人的意见当然都是“魔鬼的教条”了。

这是宗教自由史给我们的教训：容忍是一切自由的根本；没有容忍“异己”的雅量，就不会承认“异己”的宗教信仰可以享受自由。但因为不容忍的态度是基于“我的信念不会错”的心理习惯，所以容忍“异己”是最难得，最不容易养成的雅量。

在政治思想上，在社会问题的讨论上，我们同样地感觉到不容忍是常见的，而容忍总是很稀有的。我试举一个死了的老朋友的故事作例子。四十多年前，我们在《新青年》杂志上开始提倡白话文学的运动，我曾从美国寄信给陈独秀，我说：

> 此事之是非，非一朝一夕所能定，亦非一二人所能定。甚愿国中人士能平心静气与吾辈同力研究此问题。讨论既熟，是非自明。吾辈已张革命之旗，虽不容退缩，然亦决不敢以吾辈所主张为必是而不容他人之匡正也。

独秀在《新青年》上答我道：

> 鄙意容纳异议，自由讨论，固为学术发达之原则，独于改良中国文

> 学当以白话为正宗之说，其是非甚明，必不容反对者有讨论之余地；必以吾辈所主张者为绝对之是，而不容他人之匡正也。

我当时看了就觉得这是很武断的态度。现在在四十多年之后，我还忘不了独秀这一句话，我还觉得这种“必以吾辈所主张者为绝对之是”的态度是很不容忍的态度，是最容易引起别人的恶感，是最容易引起反对的。

我曾说过，我应该用容忍的态度来报答社会对我的容忍。我现在常常想，我们还得戒律自己：我们若想别人容忍谅解我们的见解，我们必须先养成能够容忍谅解别人的见解的度量。至少我们应该戒约自己决不可“以吾辈所主张者为绝对之是”。我们受过实验主义的训练的人，本来就不承认有“绝对之是”，更不可以“以吾辈所主张者为绝对之是”。

赏析

1959年胡适写下这篇文章，是为了缓和《自由中国》杂志与蒋介石的冲突。当时《自由中国》撰文要求蒋介石不要连任第三任总统，否则会毁坏宪法、破坏民主制度。此文一出，有人指控《自由中国》的读者投书冒用他人的名字，造成很大的困扰。胡适明知这不只是“读者投书处理不当”的编辑问题，更是当权者罗致罪名的手段。于是，他一方面劝蒋介石不要连任，另一方面写文章劝双方要学习容忍，因为“容忍比自由更重要”。

“容忍比自由更重要”此观点一出，引来了不少批评意见。黄展骥认为，自由是目的，容忍是手段，哪有手段比目的更重要的道理？耿云志则认为，“容忍比自由更重要”不构成自由主义的一般原则，“容忍”未必是“自由”的根源。殷海光对胡适的批评则更加严厉：一方面，他认为容忍是一件很难的事情，不容易在每个人的道德意识和心理中产生；另一方面，他认为因为容忍主要是指有权势的人有胸襟容纳社会意见，所以胡适提倡容忍，应当多多向有权势的人要说法。

胡适之所以强调容忍的价值，有三方面的原因。一是个人因素的影响。胡适在少年时代受母亲影响极大。在胡适看来，母亲冯顺弟最大的优点就是容忍。从母亲那里，他学会了宽恕、体谅、容忍别人。这种容忍的精神成为他人格的重要部分，影响了胡适的一生。二是其哲学知识基础。胡适的容忍思想受到吕祖谦“善未易明，理未易察”八个字的影响。同时，学贯中西的他还受到密尔《论自由》的影响，密尔在书中说道：“我们认为‘真理’的，我们认为‘是’的，我们认为‘最好’的，不一定就是那样的。”三是时代的因素。20世纪初的中国是一个宗教纷争、容忍缺失的时代，人与人之间充满着苛刻不容忍的空气。除了文章所引的陈独秀例子之外，1926年鲁迅、周作人和陈源为无聊琐事大打笔战时，胡适给三人写了一封信：“我深深地感觉到你们的笔战里，双方都含有一点不容忍的态度，所以不知不觉地影响了不少少年朋友，暗示他们朝着冷酷、不容忍的方向走，这是最可惋惜的。”如果忽视以上三个原因，便难以理解胡适为什么会说出“容忍比自由更重要”的话了。

我们再谈谈另一个问题——谁应该容忍？初读此文，很多人心中会产生和殷海光一样的疑问：要求有权势的人有胸襟容忍社会异见，这是不错的。但是胡适为何在文章中强调异见者也要学习容忍呢？这样的容忍会带来什么呢？

除了政治问题上需要容忍，胡适所强调的“容忍”更大程度上是一种对新思想、新学术、新信仰、新艺术的包容与忍让。而这种容忍，将会给社会上每一个人带来信仰上、观念上、精神上的自由。因此，胡适才会说“容忍是自由的根源”。如果异见者能够容忍别人的观念，不去干涉、强制、迫害别人，那就意味着别人享有信仰的自由。

胡适认为，容忍是每一个人应当具备的道德修养和克己功夫。由容忍所达致的自由，是一种精神层次的自由，是一种乌托邦的想象。

作品

春　　桃[1]

许地山

这年底[2]夏天分外地热。街上底灯虽然亮了，胡同口那卖酸梅汤的还像唱梨花鼓的姑娘耍着他的铜碗。一个背着一大篓字纸的妇人从他面前走过，在破草帽底下虽看不清她底脸，当她与卖酸梅汤的打招呼时，却可以理会她有满口雪白的牙齿。她背上担负得很重，甚至不能把腰挺直，只如骆驼一样，庄严地一步一步踱到自己门口。

进门是个小院，妇人住的是塌剩下的两间厢房。院子一大部分是瓦砾。在她底门前种着一棚黄瓜，几行玉米。窗下还有十几棵晚香玉。几根朽坏的梁木横在瓜棚底下，大概是她家最高贵的坐处。她一到门前，屋里出来一个男子，忙帮着她卸下背上底重负。

“媳妇，今儿回来晚了。”

妇人望着他，像很诧异他底话。“什么意思？你想媳妇想疯啦？别叫我媳妇，我说。”她一面走进屋里，把破草帽脱下，

---

① 选自《许地山经典》（京华出版社2001年版），有改动。许地山（1893—1941），籍贯广东揭阳。著有《危巢坠简》《空山灵雨》等。

② 底，旧同“的”。

顺手挂在门后，从水缸边取了一个小竹筒向缸里一连舀了好几次，喝得换不过气来，张了一会嘴，到瓜棚底下把篓子拖到一边，便自坐在朽梁上。

那男子名叫刘向高。妇人底年纪也和他差不多，在三十左右，娘家也姓刘。除掉向高以外，没人知道她底名字叫做春桃。街坊叫她做捡烂纸的刘大姑，因为她底职业是整天在街头巷尾垃圾堆里讨生活，有时沿途嚷着“烂字纸换取灯儿”。一天到晚在烈日冷风里吃尘土，可是生来爱干净，无论冬夏，每天回家，她总得净身洗脸。替她预备水的照例是向高。

向高是个乡间高小毕业生，四年前，乡里闹兵灾，全家逃散了，在道上遇见同是逃难的春桃，一同走了几百里，彼此又分开了。

她随着人到北京来，因为总布胡同里一个西洋妇人要雇一个没混过事的乡下姑娘当“阿妈”，她便被荐去上工。主妇见她长得清秀，很喜爱她。她见主人老是吃牛肉，在馒头上涂牛油，喝茶还要加牛奶，来去鼓着一阵膻味，闻不惯。有一天，主人叫她带孩子到三贝子花园去，她理会主人家底气味有点像从虎狼栏里发出来的，心里越发难过，不到两个月，便辞了工。到平常人家去，乡下人不惯当差，又挨不得骂，上工不久，又不干了。在穷途上，她自己选了这捡烂纸换取灯儿的职业，一天的生活，勉强可以维持下去。

向高与春桃分别后的历史倒很简单，他到涿州去，找不着亲人，有一两个世交，听他说是逃难来的，都不很愿意留他住下，不得已又流到北京来。由别人底介绍，他认识胡同口那卖酸梅汤的老吴，老吴借他现在住的破院子住，说明有人来赁，他得另找地方，他没事做，只帮着老吴算算账，卖卖货。他白住房子白做活，只赚两顿吃。春桃底捡纸生活渐次发达了，原住的地方，人家不许她堆货，她便沿着德胜门墙根来找住。一敲门，正是认识的刘向高。她不用经过许多手续，便向老吴赁下这房子，也留向高住下，帮她底忙。这都是三年前的事了。他认得几个字，在春桃捡来和换来的字纸里，也会抽出些少比较能卖钱的东西，如画片或某将军、某总长写的对联、信札之类。二人合作，事业更有进步。向高有时也教她认几个字，但没有什么功效，因为他自己认得的也不算多，解字就更难了。

他们同居这些年，生活状态，若不配说像鸳鸯，便说像一对小家雀罢。

言归正传。春桃进屋，向高已提着一桶水在她后面跟着走。他用快活的声调说：“媳妇，快洗罢，我等饿了。今晚咱们吃点好的，烙葱花饼，赞成不赞成？若赞成，我就买葱酱去。”

“媳妇，媳妇，别这样叫，成不成？”春桃不耐烦地说。

“你答应我一声，明儿到天桥给你买一顶好帽子去。你不说帽子该换了么？”向高再要求。

“我不爱听。”

他知道妇人有点不高兴了，便转口问：“到底吃什么？说呀！”

“你爱吃什么，做什么给你吃。买去罢。”

向高买了几根葱和一碗麻酱回来，放在明间底桌上。春桃擦过澡出来，手里拿着一张红帖子。

“这又是那一位王爷底龙凤帖！这次可别再给小市那老李了。托人拿到北京饭店去，可以多卖些钱。”

“那是咱们的，要不然，你就成了我底媳妇啦？教了你一两年的字，连自己底姓名都认不得！”

“谁认得这么些字？别媳妇媳妇的，我不爱听。这是谁写的？”

“我填的。早晨巡警来查户口，说这两天加紧戒严，那家有多少人，都得照实报。老吴教我们把咱们写成两口子，省得麻烦。巡警也说写同居人，一男一女，不妥当。我便把上次没卖掉的那份空帖子填上了。我填的是辛未年咱们办喜事。”

“什么？辛未年？辛未年我那儿认得你？你别捣乱啦。咱们没拜过天地，没喝过交杯酒，不算两口子。”

春桃有点不愿意，可还和平地说出来。她换了一条蓝布裤。上身是白的，脸上虽没脂粉，却呈露着天然的秀丽。若她肯嫁的话，按媒人底行情，说是二十三四的小寡妇，最少还可以值得一百八十的。

她笑着把那礼帖搓成一长条，说：“别捣乱！什么龙凤帖？烙饼吃了罢。”她掀起炉盖把纸条放进火里，随即到桌边和面。

向高说：“烧就烧罢，反正巡警已经记上咱们是两口子；若是官府查起来，我不会说龙凤帖在逃难时候丢掉的么？从今儿起，我可要叫你做媳妇了。老吴承认，巡警也承认，你不愿意，我也要叫。媳妇嗳！媳妇嗳！明天给你买帽子去，戒指我打不起。”

“你再这样叫，我可要恼了。”

“看来，你还想着那李茂。”向高底神气没像方才那么高兴。他自己说着，也不一定要春桃听见，但她已听见了。

“我想他？一夜夫妻，分散了四五年没信，可不是白想？”春桃这样说。她曾对向高说过她出阁那天底情形。花轿进了门，客人还没坐席，前头两个村子来人说，大队兵已经到了，四处拉人挖战壕，吓得大家都逃了，新夫妇也赶紧收拾东西，随着大众望①西逃。同走了一天一宿。第二宿，前面连嚷几声“胡子来了，快躲罢”，那时大家只顾躲，谁也顾不了谁。到天亮时，不见了十几个人，连她丈夫李茂也在里头。她继续方才的话说：“我只想他一定跟着胡子走了，也许早被人打死了。得啦，别提他啦。”

她把饼烙好了，端到桌上。向高向砂锅里舀了一碗黄瓜汤，大家没言语，吃了一顿。吃完，照例在瓜棚底下坐坐谈谈。一点点的星光在瓜叶当中闪着。凉风把萤火送到棚上，像星掉下来一般。晚香玉也渐次散出香气来，压住四围底臭味。

“好香的晚香玉！”向高摘了一朵，插在春桃底髻上。

“别糟蹋我底晚香玉。晚上戴花，又不是窑姐儿。”她取下来，闻了一闻，便放在杉梁上头。

“怎么今儿回来晚啦？”向高问。

“吓！今儿做了一批好买卖！我下午正要回家，经过后门，瞧见清道夫推着一大车烂纸。我见里面红的、黄的一大堆，便问他卖不卖；他说，你要，少算一点装去罢。你瞧！”她指着窗下那大篓，“我花了一块钱，买那一大篓！赔不赔，可不晓得，明儿捡一捡得啦。”

“宫里出来的东西没个错。我就怕学堂和洋行出来的东西，分量又重，气味又坏，值钱不值，一点也没准。”

“近年来，街上包东西都作兴用洋报纸。不晓得那里来的那么些看洋报纸的人。捡起来真是分量又重，又卖不出多少钱。”

“念洋书的人越多，谁都想看看洋报，将来好混混洋事。”

“他们混洋事，咱们捡洋字纸。”

“往后恐怕什么都要带上个洋字，拉车要拉洋车，赶驴要赶洋驴，也许还有洋骆驼要来。”向高把春桃逗得笑起来了。

“你先别说别人。若是给你有钱，你也想念洋书，娶个洋媳妇。”

---

① “望”，旧同“往”。

"老天爷知道，我绝不会发财。发财也不会娶洋婆子。若是我有钱，回乡下买几亩田，咱们两个种去。"

春桃自从逃难以来，把丈夫丢了，听见乡下两字，总没有好感想。她说："你还想回去？恐怕田还没买，连钱带人都没有了。没饭吃，我也不回去。"

"我说回我们锦县乡下。"

"这年头，那一个乡下都是一样，不闹兵，便闹贼；不闹贼，便闹日本，谁敢回去？还是在这里捡捡烂纸罢。咱们现在只缺一个帮忙的人。若是多个人在家替你归着东西，你白天便可以出去摆地摊，省得货过别人手里，卖漏了。"

"我还得学三年徒弟才成，卖漏了，不怨别人，只怨自己不够眼光。这几个月来我可学了不少。邮票，那种值钱，那种不值，也差不多会瞧了。大人物底信札手笔，卖得出钱，卖不出钱，也有一点把握了。前几天在那堆字纸里捡出一张康有为底字，你说今天我卖了多少？"他很高兴地伸出拇指和食指比仿着，"八毛钱！"

"说得是！若是每天在烂纸堆里能捡出八毛钱就算顶不错，还用回乡下种田去？那不是自找罪受么？"春桃愉悦的声音就像春深的莺啼一样。她接着说："今天这堆准保有好的给你捡。听说明天还有好些，那人教我一早到后门等他。这两天宫里底东西都赶着装箱，往南方运，库里许多烂纸都不要。我瞧见东华门外也有许多，一口袋一口袋陆续地扔出来。明儿你也打听去。"

说了许多话，不觉二更打过。她伸伸懒腰站起来说："今天累了，歇吧！"

向高跟着她进屋里。窗户下横着土炕，够两三人睡的。在微细的灯光底下，隐约看见墙上一边贴着八仙打麻雀的谐画，一边是烟公司"还是他好"的广告画。春桃底模样，若脱去破帽子，不用说到瑞蚨祥或别的上海成衣店，只到天桥搜罗一身落伍的旗袍穿上，坐在任何草地，也与"还是他好"里那摩登女差不上下。因此，向高常对春桃说贴的是她底小照。

她上了炕，把衣服脱光了，顺手揪一张被单盖着，躺在一边。向高照例是给她按按背，捶捶腿。她每天的疲劳就是这样含着一点微笑，在小油灯底闪烁中，渐次得着苏息。在半睡的状态中，她喃喃地说："向哥，你也睡罢，别开夜工了，明天还要早起咧。”

妇人渐次发出一点微细的鼾声，向高便把灯灭了。

一破晓，男女二人又像打食的老鸹，急飞出巢，各自办各底事情去。

刚放过午炮，什刹海底锣鼓已闹得喧天。春桃从后门出来，背着纸篓，向西不压桥这边来，在那临时市场底路口，忽然听见路边有人叫她：“春桃，春桃！”

她底小名，就是向高一年之中也罕得这样叫唤她一声。自离开乡下以后，四五年来没人这样叫过她。

“春桃，春桃，你不认得我啦？”

她不由得回头一瞧，只见路边坐着一个叫花子。那乞怜的声音从他满长了胡子的嘴发出来。他站不起来，因为他两条腿已经折了。身上穿的一件灰色的破军衣，白铁纽扣都生了锈，肩膀从肩章底破缝露出，不伦不类的军帽斜戴在头上，帽章早已不见了。

春桃望着他一声也不响。

“春桃，我是李茂呀！”

她进前两步，那人底眼泪已带着灰土透入蓬乱的胡子里。她心跳得慌，半晌说不出话来，至终说：“茂哥，你在这里当叫花子啦？你两条腿怎么丢啦？”

“哎，说来话长。你从多咱起在这里呢？你卖的是什么？”

“卖什么！我捡烂纸咧。……咱们回家再说罢。”

她雇了一辆洋车，把李茂扶上去，把篓子也放在车上，自己在后面推着。一直来到德胜门墙根，车夫帮着她把李茂扶下来。进了胡同口，老吴敲着小铜碗，一面问：“刘大姑，今儿早回家，买卖好呀？”

“来了乡亲啦。”她应酬了一句。

李茂像只小狗熊，两只手按在地上，帮助两条断腿爬着。她从口袋里拿出钥匙，开了门，引着男子进去。她把向高底衣服取一身出来，像向高每天所做的，到井边打了两桶水倒在小澡盆里教男人洗澡。洗过以后，又倒一盆水给他洗脸。然后扶他上炕坐，自己在明间也洗一回。

“春桃，你这屋里收拾得很干净，一个人住吗？”

“还有一个伙计。”春桃不迟疑地回答他。

“做起买卖来啦？”

“不告诉你就是捡烂纸么?”

“捡烂纸？一天捡得出多少钱?”

“先别盘问我，你先说你的罢。”

春桃把水泼掉，理着头发进屋里来，坐在李茂对面。

李茂开始说他底故事：

“春桃，唉，说不尽哟！我就说个大概罢。

“自从那晚上教胡子绑去以后，因为不见了你，我恨他们，夺了他们一杆枪，打死他们两个人，拼命地逃。逃到沈阳，正巧边防军招兵，我便应了招。在营里三年，老打听家里底消息，人来都说咱们村里都变成砖瓦地了。咱们底地契也不晓得现在落在谁手里。咱们逃出来时，偏忘了带着地契。因此这几年也没告假回乡下瞧瞧。在营里告假，怕连几块钱的饷也告丢了。

“我安分当兵，指望月月关饷，至于运到升官，本不敢盼。也是我命里合该有事：去年年头，那团长忽然下一道命令，说，若团里底兵能瞄枪连中九次靶，每月要关双饷，还升差事。一团人没有一个中过四枪；中，还是不进红心。我可连发连中，不但中了九次红心，连剩下那一颗子弹，我也放了。我要显本领，背着脸，弯着腰，脑袋向地，枪从裤裆放过去，不偏不歪，正中红心。当时我心里多快活呢。那团长教把我带上去。我心里想着总要听几句褒奖的话。不料那畜生翻了脸，愣说我是胡子，要枪毙我！他说若不是胡子，枪法决不会那么准。我底排长、队长都替我求情，担保我不是坏人，好容易不枪毙我了，可是把我底正兵革掉，连副兵也不许我当。他说，当军官的难免不得罪弟兄们，若是上前线督战，队里有个像我瞄得那么准，从后面来一枪，虽然也算阵亡，可值不得死在仇人手里。大家没话说，只劝我离开军队，找别的营生去。

“我被革了不久，日本人便占了沈阳；听说那狗团长领着他底军队先投降去了。我听见这事，愤不过，想法子要去找那奴才。我加入义勇军，在海城附近打了几个月，一面打，一面退到关里。前个月在平谷东北边打，我去放哨，遇见敌人，伤了我两条腿。那时还能走，躲在一块大石底下，开枪打死他几个。我实在支持不住了，把枪扔掉，向田边底小道爬，等了一天、两天，还不见有红十字会或红卍字会底人来。伤口越肿越厉害，走不动又没吃的喝的，只躺在一边等死。后来可巧有一辆大车经过，赶车的把我扶了上去，送我到一个军医底帐幕。他们又不瞧，只把我扛上汽车，往后方医院送。已经伤了三天，大夫解开一瞧，说都烂了，非用锯不可。在院里住了一个多月，好是好了，就丢了两条腿。我想在此地举目无亲，乡下又回不去；就说回去得了，没有腿怎能种田？求医院收容我，给我一点事情做，大夫说医院管治不管留，也不管找事。此地又没有残废兵留养院，迫着我不得不出来讨饭，今天刚是第三天。这两天我常想着，若是这样下去，我可受不了，非上吊不可。”

春桃注神听他说，眼眶不晓得什么时候都湿了。她还是静默着。李茂用手抹抹额上底汗，也歇了一会。

“春桃，你这几年呢？这小小地方虽不如咱们乡下那么宽敞，看来你倒不十分苦。”

“谁不受苦？苦也得想法子活。在阎罗殿前，难道就瞧不见笑脸？这几年来，我就是干这捡烂纸换取灯的生活，还有一个姓刘的同我合伙。我们两人，可以说不分彼此，勉强能度过日子。”

“你和那姓刘的同住在这屋里？”

“是，我们同住在这炕上睡。”春桃一点也不迟疑，她好像早已有了成见。

“那么，你已经嫁给他？”

“不，同住就是。”

“那么，你现在还算是我底媳妇？”

“不，谁底媳妇，我都不是。”

李茂底夫权意识被激动了。他可想不出什么话来说。两眼注视着地上，当然他不是为看什么，只为有点不敢望着他底媳妇。至终他沉吟了一句：“这样，人家会笑话我是个活王八。”

“王八？”妇人听了他底话，有点翻脸，但她底态度仍是很和平。她接着说：“有钱有势的人才怕当王八。像你，谁认得？活不留名，死不留姓，王八不王八，有什么相干？现在，我是我自己，我做的事，决不会玷着你。”

“咱们到底还是两口子，常言道，一夜夫妻百日恩——”

“百日恩不百日恩我不知道。”春桃截住他底话，“自百日恩，也过了好十几个百日恩。四五年间，彼此不知下落；我想，你也想不到会在这里遇见我。我一个人在这里，得活，得人帮忙。我们同住了这些年，要说恩爱，自然是对你薄得多。今天我领你回来，是因为我爹同你爹的交情，我们还是乡亲。你若认我做媳妇，我不认你，打起官司，也未必是你赢。”

李茂掏掏他底裤带，好像要拿什么东西出来，但他底手忽然停住，眼睛望望春桃，至终把手缩回去撑着席子。

李茂没话，春桃哭。日影在这当中也静静地移了三四分。

“好罢，春桃，你做主。你瞧我已经残废了，就使你愿意跟我，我也养不活你。”李茂到底说出这英明的话。

“我不能因为你残废就不要你，不过我也舍不得丢了他。大家住着，谁也别想谁是养活着谁，好不好？”春桃也说了她心里底话。

李茂底肚子发出很微细的咕噜咕噜声音。

“噢，说了大半天，我还没问你要吃什么！你一定很饿了。”

“随便罢，有什么吃什么。我昨天晚上到现在还没吃，只喝水。”

“我买去。”春桃正踏出房门，向高从院外很高兴地走进来，两人在瓜棚底下撞了个满怀。“高兴什么？今天怎样这早就回来？”

“今天做了一批好买卖！昨天你背回的那一篓，早晨我打开一看，里头有一包是明朝高丽王上底表章，一份至少可卖五十块钱。现在我们手里有十份！方才散了几份给行里，看看主儿出得多少，再发这几份。里头还有两张盖上端明殿御宝的纸，行家说是宋家的，一给价就是六十块，我没敢卖，怕卖漏了，先带回来给你开开眼。你瞧……”他说时，一面把手里底旧蓝布包袱打开，拿出表章和旧纸来。“这是端明殿御宝。”他指着纸上底印纹。

“若没有这个印，我真看不出有什么好处，洋宣比它还白咧。怎么官里管事的老爷们也和我一样不懂眼？”春桃虽然看了，却不晓得那纸底值钱处在那里。

“懂眼？若是他们懂眼，咱们还能换一块几毛么？”向高把纸接过去，仍旧和表章包在包袱里。他笑着对春桃说：“我说，媳妇……”

春桃看了他一眼，说：“告诉你别管我叫媳妇。”

向高没理会她，直说：“可巧你也早回家。买卖想是不错。”

“早晨又买了像昨天那样的一篓。”

“你不说还有许多么？”

“都教他们送到晓市卖到乡下包落花生去了！”

“不要紧，反正咱们今天开了光，头一次做上三十块钱的买卖。我说，咱们难得下午都在家，回头咱们上什刹海逛逛，消消暑去，好不好？”

他进屋里，把包袱放在桌上。春桃也跟进来。她说："不成，今天来了人了。"说着掀开帘子，点头招向高，"你进去。"

向高进去，她也跟着。"这是我原先的男人。"她对向高说过这话，又把他介绍给李茂说，"这是我现在的伙计。"

两个男子，四只眼睛对着，若是他们眼球底距离相等，他们底视线就会平行地接连着。彼此都没话，连窗台上歇的两只苍蝇也不做声。这样又教日影静静地移一二分。

"贵姓？"向高明知道，还得照便地问。

彼此谈开了。

"我去买一点吃的。"春桃又向着向高说，"我想你也还没吃罢？烧饼成不成？"

"我吃过了。你在家，我买去罢。"

妇人把向高拖到炕上坐下，说："你在家陪客人谈话。"给了他一副笑脸，便自出去。

屋里现在剩下两个男人，在这样情况底下，若不能一见如故，便得打个你死我活。好在他们是前者的情形。但我们别想李茂是短了两条腿，不能打。我们得记住向高是拿过三五年笔杆的，用李茂底分量满可以把他压死。若是他有枪，更省事，一动指头，向高便得过奈何桥。

李茂告诉向高，春桃底父亲是个乡下财主，有一顷田。他自己底父亲就在他家做活和赶叫驴。因为他能瞄很准的枪，她父亲怕他当兵去，便把女儿许给他，为的是要他保护庄里底人们。这些话，是春桃没向他说过的。他又把方才春桃说的话再述一遍，渐次迫到他们二人切身的问题上头。

"你们夫妇团圆，我当然得走开。"向高在不愿意的情态底下说出这话。

"不，我已经离开她很久，现在并且残废了，养不活她，也是白搭。你们同住这些年，何必拆？我可以到残废院去。听说这里有，有人情便可进去。"

这给向高很大的诧异。他想，李茂虽然是个大兵，却料不到他有这样的侠气。他心里虽然愿意，嘴上还不得不让。这是礼仪底狡猾，念过书的人们都懂得。

"那可没有这样的道理。"向高说，"教我冒一个霸占人家妻子的罪名，我可不愿意。为你想，你也不愿意你妻子跟别人住。"

“我写一张休书给她，或写一张契给你，两样都成。”李茂微笑诚意地说。

“休？她没什么错，休不得。我不愿意丢她底脸。卖？我哪儿有钱买？我底钱都是她的。”

“我不要钱。”

“那么，你要什么？”

“我什么都不要。”

“那又何必写卖契呢？”

“因为口讲无凭，日后反悔，倒不好了。咱们先小人，后君子。”

说到这里，春桃买了烧饼回来。她见二人谈得很投机，心下十分快乐。

“近来我常想着得多找一个人来帮忙，可巧茂哥来了。他不能走动，正好在家管管事，捡捡纸。你当跑外卖货。我还是当捡货的。咱们三人开公司。”春桃另有主意。

李茂让也不让，拿着烧饼望嘴送，像从饿鬼世界出来的一样，他没工夫说话了。

“两个男人，一个女人，开公司？本钱是你的？”向高发出不需要的疑问。

“你不愿意吗？”妇人问。

“不，不，不，我没有什么意思。”向高心里有话，可说不出来。

“我能做什么？整天坐在家里，干得了什么事？”李茂也有点不敢赞成。他理会向高底意思。

“你们都不用着急，我有主意。”

向高听了，伸出舌头舔舔嘴唇，还吞了一口唾沫。李茂依然吃着，他底眼睛可在望春桃，等着听她底主意。

捡烂纸大概是女性心中底一种事业。她心中已经派定李茂在家把旧邮票和纸烟盒里底画片捡出来。那事情，只要有手有眼，便可以做。她合一合，若是天天有一百几十张卷烟画片可以从烂纸堆里捡出来，李茂每月的伙食便有了门。邮票好的和罕见的，每天能捡得两三个，也就不劣。外国烟卷在这城里，一天总销售一万包左右，纸包的百分之一给她捡回来，并不算难。至于向高还是让他捡名人书札，或比较可以多卖钱的东西。他不用说已经是个行家，不必再受指导。她自己干那吃力的工作，除去下大雨以外，在狂风烈日底下，是一样地出去捡货。尤其是在天气不好的时候，她更要工作，因为同业们有些就不出去。

她从窗户望望太阳，知道还没到两点，便出到明间，把破草帽仍旧戴上，探头进房里对向高说："我还得去打听宫里还有东西出来没有。你在家招呼他。晚上回来，我们再商量。"

向高留她不住，便由她走了。

好几天的光阴都在静默中度过。但二男一女同睡一铺炕上定然不很顺心。多夫制底社会到底不能够流行得很广。其中的一个缘故是一般人还不能摆脱原始的夫权和父权思想。由这个，造成了风俗习惯和道德观念。老实说，在社会里，依赖人和掠夺人的，才会遵守所谓风俗习惯；至于依自己底能力而生活的人们，心目中并不很看重这些。像春桃，她既不是夫人，也不是小姐；她不会到外交大楼去赴跳舞会，也没有机会在隆重的典礼上当主角。她底行为，没人批评，也没人过问；纵然有，也没有切骨之痛。监督她的只有巡警，但巡警是很容易对付的。两个男人呢，向高诚然念过一点书，含糊地了解些圣人底道理，除掉些少名分底观念以外，他也和春桃一样。但他的生活从同居以后，完全靠着春桃。春桃底话，是从他耳朵进去的维他命，他得听，因为于他有利。春桃教他不要嫉妒，他连嫉妒底种子也都毁掉。李茂呢，春桃和向高能容他住一天便住一天，他们若肯认他做亲戚，他便满足了。当兵的人照例要丢一两个妻子。但他底困难也是名分上的。

向高底嫉妒虽然没有，可是在此以外的种种不安，常往来于这两个男子当中。

暑气仍没减少，春桃和向高不是到汤山或北戴河去的人物。他们日间仍然得出去谋生活。李茂在家，对于这行事业可算刚上了道，他已能分别那一种是要送到万柳堂或天宁寺去做糙纸的，那一样要留起来的，还得等向高回来鉴定。

春桃回家，照例还是向高侍候她。那时已经很晚了，她在明间里闻见蚊烟底气味，便向着坐在瓜棚底下的向高说："咱们多会点过蚊烟，不留神，不把房子点着了才怪咧。"

向高还没回答，李茂便说："那不是熏蚊子，是熏秽气，我央刘大哥点的。我打算在外面地下睡。屋里太热，三人睡，实在不舒服。"

"我说，桌上这张红帖子又是谁底？"春桃拿起来看。

“我们今天说好了，你归刘大哥。那是我立给他的契。”声从屋里底炕上发出来。

“哦，你们商量着怎样处置我来！可是我不能由你们派。”她把红帖子拿进屋里，问李茂，“这是你底主意，还是他底？”

“是我们俩底主意。要不然，我难过，他也难过。”

“说来说去，还是那话。你们都别想着咱们是丈夫和媳妇，成不成？”

她把红帖子撕得粉碎，气有点粗。

“你把我卖多少钱？”

“写十几块钱做个彩头。白送媳妇给人，没出息。”

“买媳妇，就有出息？”她出来对向高说，“你现在有钱，可以买媳妇了。若是给你阔一点……”

“别这样说，别这样说。”向高拦住她底话，“春桃，你不明白。这两天，同行底人们直笑话我。……”

“笑你什么？”

“笑我……”向高又说不出来。其实他没有很大的成见，春桃要怎办，十回有九回是遵从的。他自己也不明白这是什么力量。在她背后，他想着这样该做，那样得照他底意思办；可是一见了她，就像见了西太后似地，样样都要听她底懿旨。

“噢，你到底是念过两天书，怕人骂，怕人笑话。”

自古以来，真正统治民众的并不是圣人底教训，好像只是打人的鞭子和骂人的舌头。风俗习惯是靠着打骂维持的。但在春桃心里，像已持着“人打还打，人骂还骂”的态度。她不是个弱者，不打骂人，也不受人打骂。我们听她教训向高的话，便可以知道。

“若是人笑话你，你不会揍他？你露什么怯？咱们底事，谁也管不了。”

向高没话。

“以后不要再提这事罢。咱们三人就这样活下去，不好吗？”

一屋里都静了。吃过晚饭，向高和春桃仍是坐在瓜棚底下，只不像往日那么爱说话。连买卖经也不念了。

李茂叫春桃到屋里，劝她归给向高。他说男人底心，她不知道，谁也不愿意当王八；占人妻子，也不是好名誉。他从腰间拿出一张已经变成暗褐色的红纸帖，交给春桃，说：“这是咱们底龙凤帖。那晚上逃出来的时候，我从神龛上取下来，揣在怀里。现在你可以拿去，就算咱们不是两口子。”

春桃接过那红帖子，一言不发，只注视着炕上破席。她不由自主地坐下，挨近那残废的人，说：“茂哥，我不能要这个，你收回去罢。我还是你底媳妇。一夜夫妻百日恩，我不做缺德的事。今天看你走不动，不能干大活，我就不要你，我还能算人吗？”

她把红帖也放在炕上。

李茂听了她底话，心里很受感动。他低声对春桃说：“我瞧你怪喜欢他的，你还是跟他过日子好。等有点钱，可以打发我回乡下，或送我到残废院去。”

“不瞒你说，”春桃底声音低下去，“这几年我和他就同两口子一样活着，样样顺心，事事如意；要他走，也怪舍不得。不如叫他进来商量，瞧他有什么主意。”她向着窗户叫，“向哥，向哥！”可是一点回音也没有。出来一瞧，向哥已不在了。这是他第一次晚间出门。她愣一会，便向屋里说：“我找他去。”

她料想向高不会到别的地方去。到胡同口，问问老吴。老吴说望大街那边去了。她到他常交易的地方去，都没找着。人很容易丢失，眼睛若见不到，就是渺渺茫茫无寻觅处。快到一点钟，她才懊丧地回家。

屋里的油灯已经灭了。

“你睡着啦？向哥回来没有？”她进屋里，掏出洋火，把灯点着，向炕上一望，只见李茂把自己挂在窗棂上，用的是他自己底裤带。她心里虽免不了存着女性底恐慌，但是还有胆量紧爬上去，把他解下来。幸而时间不久，用不着惊动别人，轻轻地抚揉着他，他渐次苏醒回来。

杀自己底身来成就别人是侠士底精神。若是李茂底两条腿还存在，他也不必出这样的手段。两三天以来，他总觉得自己没多少希望，倒不如毁灭自己，教春桃好好地活着。春桃于他虽没有爱，却很有义。她用许多话安慰他，一直到天亮。他睡着了，春桃下炕，见地上一些纸灰，还剩下没烧完的红纸。她认得是李茂曾给她的那张龙凤帖，直望着出神。

那天她没出门。晚上还陪李茂坐在炕上。

“你哭什么？”春桃见李茂热泪滚滚地滴下来，便这样问他。

“我对不起你。我来干什么？”

“没人怨你来。”

“现在他走了，我又断了两条腿。……”

“你别这样想。我想他会回来。”

“我盼望他会回来。”

又是一天过去了。春桃起来，到瓜棚摘了两条黄瓜做菜，草草地烙了一张大饼，端到屋里，两个人同吃。

她仍旧把破帽戴着，背上篓子。

“你今天不大高兴，别出去啦！”李茂隔着窗户对她说。

“坐在家里更闷得慌。”

她慢慢地踱出门。作活是她底天性，虽在沉闷的心境中，她也要干。中国女人好像只理会生活，而不理会爱情，生活底发展是她所注意的，爱情底发展只在盲闷的心境中沸动而已。自然，爱只是感觉，而生活是实质的，整天躺在锦帐里或坐在幽林中讲爱情，也是从皇后船或总统船运来的知识。春桃既不是弄潮儿底姊妹，也不是碧眼胡底学生，她不懂得，只会莫名其妙地纳闷。

一条胡同过了又是一条胡同。无量的尘土，无尽的道路，涌着这沉闷的妇人。她有时嚷“烂纸换洋取灯儿”，有时连路边一堆不用换的旧报纸，她都不捡。有时该给人两盒取灯，她却给了五盒。胡乱地过了一天，她便随着天上那班只会嚷嚷和抢吃的黑衣党慢慢地踱回家。仰仰头看见新贴上的户口照，写的户主是刘向高妻刘氏，使她心里更闷得厉害。

刚踏进院子，向高从屋里赶出来。

她瞪着眼，只说：“你回来……”其余的话用眼泪连续下去。

“我不能离开你，我底事情都是你成全的。我知道你要我帮忙。我不能无情无义。”其实他这两天在道上漫散地走，不晓得要往那里去。走路的时候，直像脚上扣着一条很重的铁镣，那一面是扣在春桃手上一样。加以到处都遇见“还是他好”的广告，心情更受着不断的搅动，甚至饿了他也不知道。

“我已经同向哥说好了。他是户主，我是同居。”

向高照旧帮她卸下篓子。一面替她抹掉脸上底眼泪。他说：“若是回到乡下，他是户主，我是同居。你是咱们底媳妇。”

她没有做声，直进屋里，脱下衣帽，行她每日的洗礼。

买卖经又开始在瓜棚底下念开了。他们商量把宫里那批字纸卖掉以后，向高便可以在市场里摆一个小摊，或者可以搬到一间大一点点的房子去住。

屋里，豆大的灯火，教从瓜棚飞进去的一只油葫芦扑灭了。李茂早已睡熟，因为银河已经低了。

“咱们也睡罢。”妇人说。

“你先躺去，一会我给你捶腿。”

“不用啦，今天我没走多少路。明儿早起，记得做那批买卖去，咱们有好几天不开张了。”

“方才我忘了拿给你。今天回家，见你还没回来，我特意到天桥去给你带一顶八成新的帽子回来。你瞧瞧！”他在暗里摸着那帽子，要递给她。

“现在那里瞧得见！明天我戴上就是。”

院子都静了，只剩下晚香玉底香还在空气中游荡。屋里微微地可以听见“媳妇”和“我不爱听，我不是你底媳妇”等对答。

赏析

《春桃》出自许地山 1935 年同名作品集，发表于《文学》第 3 卷第 1 期。中国历史进入 20 世纪以后，中华民族饱受内忧外患的困扰，西方人本主义的启蒙思潮传入中国，中华大地掀起了五四运动。人们开始重新审视自我，思考生存的意义。由此产生了五四时期所特有的生命意识——生存和生命的意义。而许地山正是在春桃身上倾注了这种生命主题的内涵——对生命意识的张扬和对自由意志的赞美。主要体现在春桃这个人物张扬的反叛思想、坚定的独立信念和自发的仁爱情怀三个方面。春桃大胆、泼辣、敢想敢做，有独立的思想和见地。虽然她身份低微，“像春桃，她既不是夫人，也不是小姐；她不会到外交大楼去赴跳舞会，也没有机会在隆重的典礼上当主角。她底行为，没人批评，也没人过问；纵然有，也没有切骨之痛。监督她的只有巡警，但巡警是很容易对付的。”但是她却敢于突破夫权和父权思想的束缚，敢于挑战封建礼教“男女之大防的旧观念”。也正由于她是社会上的小人物，她才能拥有这种宝贵的反叛精神。这种强烈的反抗精神实质是源于自我的仁爱意识的觉醒。春桃的独立意识首先体现在她有选择自我生活方式的自由。在生活的重压之下，春桃作为一个逃难者，一开始去西洋夫人家当女仆，不久逃离到平常人家当差，最后选择当捡纸的底层劳动人民，这一切都是遵从于自己内心的选择。不愿意当向高的媳妇，收留受伤的李茂，并且希望办一个“三人公司”，两男一女共处一室，这样的生活方式都是由她自己选择的。其次，春桃的独立精神体现在她始终保持与两个男人平等的地位上。刘向高靠她捡来的旧纸摆起了地摊，李茂在她的照顾下讨生活，春桃依靠自己的能力和独特的人格魅力征服了两个男人，使得三人间的关系维持稳定和平衡。最后，春桃的独立精神还体现在她所拥有的话语权上，中国文学史上的底层劳动妇女，比如鲁迅先生笔下的祥林嫂，思想被封建思想禁锢，人生被他人所控制，终日活在别人的口舌之下，不知道发出自己的声音。春桃却告诉向高：“噢，你到底是念过两天书，怕人骂，怕人笑话。”“若是人笑话你，你不会揍他？你露什么怯？咱们底事，谁也管不了。”春桃有思想，有自己坚定的独立信念，有自己独特的人生哲学。春桃的自立是经济上的独立和人格的自立，而人道主义的张扬是春桃人性中最为闪光的一面。双腿残废的李茂在处于社会底层的春桃眼里，首先是一个人。虽然她明白李茂的到来，会给她的物质生活和感情生活带来极大的冲击，但她还是坚定地把李茂留了下来。这是春桃对他人生命的尊重，是仁爱思想的体现。在顾全他人性命和成全自己爱情这个关键时刻，春桃显示了人道主义的博大情怀，也是春桃这个人物具有文学生命力的原因。

作品

融入野地[1]

张　炜

一

城市是一片被肆意修饰过的野地，我最终将告别它。我想寻找一个原来，一个真实。这纯稚的想念如同一首热烈的歌谣，在那儿引诱我。市声如潮，淹没了一切，我想浮出来看一眼原野、山峦，看一眼丛林、青纱帐。我寻找了，看到了，挽回的只是没完没了的默想。辽阔的大地，大地边缘是海洋。无数的生命在腾跃、繁衍生长，升起的太阳一次次把它们照亮……当我在某一瞬间睁大了双目时，突然看到了眼前的一切都变得簇新。它令人惊悸、感动、诧异，好像生来第一遭发现了我们的四周遍布奇迹。

我极想抓住那个"瞬间感受"，心头充溢着阵阵狂喜。我在其中领悟：万物都在急剧循环，生生灭灭，长久与暂时都是相对而言的；但在这纷纭无绪中的确有什么永恒的东西。我在捕捉和追逐，而它又绝不可能属于我。这是一个悲剧，又是一

① 选自《张炜自选集》（天地出版社 2017 年版），有改动。张炜，1956 年生于山东龙口市。著有《古船》《九月寓言》等。

个喜剧。暂且抑制了一个城市人的伤感，面向旷野追问一句：为什么会是这样？这些又到底来自何方？已经存在的一切是如此完美，完美得让人不可思议；它又是如此残缺，残缺得令人痛心疾首。我们面对的不仅是一个熟知的世界，还有一个完全陌生的世界；原来那种悲剧感或是喜剧感都来自一种无可奈何。

心弦紧绷，强抑下无尽的感慨。生活的浪涌照例扑面而来，让人一拍三摇。做梦都想像一棵树那样抓牢一小片泥土。我拒绝这种无根无定的生活，我想追求的不过是一个简单、真实和落定。这永远只能停留在愿望里。寻找一个去处成了大问题，安慰自己这颗成年人的心也成了大问题。默默捱蹭，一个人总是先学会承受，再设法拒绝。承受，一直承受，承受你的自尊所无法容许的混浊一团。也就在这无边的踟蹰中，真正的拒绝开始了。

这条长路犹如长夜。在漫漫夜色里，谁在长思不绝？谁在悲天悯人？谁在知心认命？心界之内，喧嚣也难以渗入，它们只在耳畔化为了夜色。无光无色的域内，只需伸手触摸，而不以目视。在这儿，传统的知与见已经失去了原有的意义。神游的脚步磨得夜气发烫，心甘情愿一意追踪。承受、接受、忍受——一个人真的能够忍受吗？有时回答能，有时回答不，最终还是不能。我于是只剩下了最后的拒绝。

二

当我还一时无法表述“野地”这个概念时，我就想到了融入。因为我单凭直觉就知道，只有在真正的野地里，人可以漠视平凡，发现舞蹈的仙鹤。泥土滋生一切。在那儿，人将得到所需的全部，特别是百求不得的那个安慰。野地是万物的生母，她子孙满堂却不会衰老。她的乳汁汇流成河，涌入海洋，滋润了万千生灵。

我沿了一条小路走去。小路上脚印稀罕，不闻人语，它直通故地。谁没有故地？故地连接了人的血脉，人在故地上长出第一绺根须。可是谁又会一直心系故地？直到今天我才发现，一个人长大了，走向远方，投入闹市，足迹印上大洋彼岸，他还会固执地指认：故地处于大地的中央。他的整个世界都是那一小片土地生长延伸出来的。

我又看到了山峦、平原，一望无边的大海。泥沼的气息如此浓烈，土地的呼吸分明可辨。稼禾、草、丛林；人、小蚁、骏马；主人、同类、寄生者……搅缠共生于一体。我渐渐靠近了一个巨大的身影……

故地指向野地的边缘，这儿有一把钥匙。这里是一个入口，一个门。满地藤蔓缠住了手足，丛丛灌木挡住了去路，它们挽留的是一个过客，还是一个归来的生命？我伏下来，倾听、贴紧，感知脉动和体温。此刻我才放松下来，因为我获得了真正的宽容。

一个人这时会被深深地感动。他像一棵树一样，在一方泥土上萌生。他的一切最初都来自这里，这里是他一生探究不尽的一个源路。人实际上不过是一棵会移动的树。他的激动、欲望，都是这片泥土给予的。他曾经与四周的丛绿一起成长。多少年过去了，回头再看旧时景物，会发现时间改变了这么多，又似乎一点也没变。绿色与裸土并存，枯树与长藤纠缠。那只熟悉的红点颏与巨大的石碾一块儿找到了；还有那荒野芜草中百灵的精制小窝……故地在我看来真是妙迹处处。

一个人只要归来就会寻找，只要寻找就会如愿。多么奇怪又多么素朴的一条原理，我一弯腰将它捡了起来。匍匐在泥土上，像一棵欲要扎根的树——这种欲求多次被鹦鹉学舌者给弄脏。我要将其还回原来。我心灵里那个需求正像童年一样热切纯洁。

我像个熟练的取景人，眯起双目遥视前方。这样我就迷蒙了画面，闪去了很多具体的事物。我看到的不是一棵或一株，而是一派绿色；不是一个老人一个少女，而是密挤的人的世界。所有的声息都撒落在泥土上，混合一起涌过，如蜂鸣如山崩。

我蹲在一棵壮硕的玉米下，长久地看它大刀一样的叶片、上面的银色丝络；我特别注意了它如爪如须、紧攥泥土的根。它长得何等旺盛，完美无损，英气逼人。与之相似的无语生命比比皆是，它们一块儿忽略了必将来临的死亡。它们有个精神，秘而不宣。我就这样仰望着一棵近在咫尺的玉米。

时至今天，似乎更没有人愿意重视知觉的奥秘。人仿佛除了接受再没有选择。语言和图画携来的讯息堆积如山，现代传递技术可以让人蹲在一隅遥视世界。谬误与真理掺拌一起抛洒，人类像挨了一场陨石雨。它损伤的是人的感知器官。失去了辨析的基本权利，剩下的只是一种苦熬。一个现代人即便大睁双目，还是拨不开无形的眼障。错觉总是缠住你，最终使你臣服。传统的“知”与“见”给予了我们，也蒙蔽了我们。于是我们要寻找新的知觉方式，警惕自己的视听。

我站在大地中央，发现它正在生长躯体，它负载了江河和城市，让各色人种和动植物在腹背生息。令人无限感激的是，它把正中的一块留给了我的故地。我身背行囊，朝行夜宿，有时翻山越岭，有时顺河而行；走不尽的一方土，寸土寸金。有个异国师长说它像邮票一般大。我走近了你、挨上了你吗？一种模模糊糊的幸运飘过心头。

三

大概不仅仅是职业习惯，我总是急于寻觅一种语言。语言对于我从来就有一种神秘的感觉。人生之路上遭逢的万事万物之所以缄口沉默，主要是失去了语言。语言是凭证、是根据，是继续前行的资本。我所追求的语言是能够通行四方、源发于山脉和土壤的某种东西，它活泼如生命，坚硬如顽石，有形无形，有声无声。它就撒落在野地上，潜隐在万物间。河水汩汩流淌，大海日夜喧嚷，鸟鸣人呼——这都是相互隔离的语言；那么通行四方的语言藏在了哪里？

它犹如土中的金子，等待人们历尽辛苦之后才跃出。我的力气耗失了那天，即便如愿以偿了又有什么意义？我像所有人一样犹豫、沮丧、叹息，不知何方才是目的，既空空荡荡又心气高远。总之无语的痛苦难以忍受，它是真实的痛苦。我的希冀不大，无非就想讨一句话。很可惜也很残酷，它不发一言。

让人亲近、心头灼热的故地，我扑入你的怀抱就痴话连篇，说了半晌才发觉你仍是一个默默。真让人尴尬。我知道无论是秋虫的鸣响或人的欢语，往往都隐下了什么。它们的无声之声才道出真谛，我收拾的是声音底层的回响。

在一个废弃的村落旧址上，我发现了遗落在荒草间的碾盘。它上面满是磨钝了的齿沟。它曾经被忙生计的人团团围住，它当刻下滔滔话语。还有，茅草也遮不住的破碎瓦砾，该留下被击碎那一刻的尖利吧？我对此坚信无疑，只是我仍然不能将其破译。脚下是一道道地裂，是在草叶间偷窥的小小生灵。太阳欲落，金红的火焰从天边一直烧到脚下；在这引人怀念和追忆的时刻，我感到了凄凉，更感到了蕴含于天地自然中的强大的激情。可是我们仍然相对无语。

刚刚接近故地的那种熟悉和亲切逐渐消失，代之而来的是深深的陌生感。我认识到它们的表层之下，有着我以往完全不曾接近过的东西。多少次站在夕阳西下的郊野，默想观想，像等候一个机会。也就在这时，偶尔回想起流逝的岁月，会勾起一丝酸疼。好在这会儿我已没有了书生那样的忏悔，而是充满了爱心和感激，心甘情愿地等待、等待。我回想了童年，不是那时的故事，而是那时的愉快心情。令人惊讶的是那种愉悦后来再也没有出现。我多少领悟了：那时还来不及掌握太多的俗词儿，因而反倒能够与大自然对话；那愉悦是来自交流和沟通，那时的我还未完全从自然的母体上剥离开来。世俗的词儿看上去有斤有两，在自然万物听来却是一门拙劣的外语。使用这种词儿操作的人就不会有太大希望。解开了这个谜我一阵欣慰，长舒一口。

田野上有很多劳作的人，他们趴在地上，沾满土末。禾绿遮着铜色躯体，掩成一片。土地与人之间用劳动沟通起来，人在劳动中就忘记了世俗的词儿。那时人与土地以及周围的生命结为一体，看上去，人也化进了朦胧。要倾听他们的语言吗？这会儿真的渗入泥中，长成了绿色的茎叶。这是劳动和交流的一场盛会，我怀着赶赴盛宴的心情投入了劳动。我想将自己融入其间。

人若丢弃了劳动就会陷于蒙昧。我有个细致难忘的观察：那些劳动者一旦离开了劳动，立刻操起了世俗的词儿。这就没有了交流的工具，与周遭的事物失去了联系，因而毫无力量。语言，不仅仅是表，而是里；它有自己的生命、质地和色彩，它是幻化了的精气。仅以声音为标志的语言已经是徒有其表，魂魄飞走了。我崇拜语言，并将其奉为神圣和神秘之物。

四

生活中无数次证明：忍受是困难的。一个人无论多么达观，最终都难以忍受。逃避、投诚、撞碎自己，都不是忍受。拒绝也不是忍受。不能忍受是人性中刚毅纯洁的一面，是人之所以可爱的一个原因。偶有忍受也为了最终的拒绝。拒绝的精神和态度应该得到赞许。但是，任何一种选择都是通过一个形式去完成的，而形式可以是多种多样的。

一个人如果因爱而痴，形似懵懂，也恰恰是找到了自己的门径。别人都忙于拒绝时，他却进入了忘我的状态。忘我也是不能忍受的结果。他穿越激烈之路，烧掉了愤懑，这才有了痴情。爱一种职业、一朵花、一个人，爱的是具体的东西；爱一份感觉、一个意愿、一片土地、一种状态，爱的是抽象的东西。只要从头走过来，只要爱得真挚，就会痴迷。迷了心窍，就有了境界。

当我投入一片茫茫原野时，就明白自己背向了某种令我心颤的、滚烫烫的东西。我从具体走向了抽象。站在荒芜间举目四望，一个质问无法回避。我回答仍旧爱着。尽管头发已经蓬乱，衣衫有了破洞，可我自知这会儿已将内心修葺得工整洁美。我在迎送四季的田头壑底徘徊，身上只负了背囊，没有矛戟。我甘愿心疏志废、自我放逐。冷热悲欢一次次织成了网，我更加明白我“不能忍受”，扔掉小欣喜，走入故地，在秋野禾下满面欢笑。

但愿截断归途，让我永远待在这里。美与善有时需要独守，需要眼盯盯地看着它生长。我处于沉静无声的一个世界，享受安谧；我听到挚友在赞颂坚韧，同志在歌唱牺牲，而我却仅仅是不能忍受。故地上的一棵红果树、一株缬草，都让我再三吟味。我不能从它们身边走开，它们深深地吸引了我。我在它们的淡淡清香中感动不已。它们也许只是简单明了、极其平凡的一树一花，荒野里的生物，可它们活得是何等真实。

我消磨了时光，时光也恩惠了我。风霜洗去了轻薄的热情，只留住了结结实实的冷漠。站在这辽远开阔的平畴上，再也嗅不到远城炊烟。四处都是去路，既没人挽留，也没人催促。时空在这儿变得旷敞了，人性也自然松弛。我知道所有的热闹都挺耗人，一直到把人耗贫。我爱野地，爱遥远的那一条线。我痴迷得不可救药，像入了玄门；我在忘情时已是口不能语，手不能书；心远手粗，有时提笔忘字。我顺着故地小径走入野地，在荒村陋室里勉强记下野歌。这些歪歪扭扭的墨迹没有装进昨天的人造革皮夹，而是用一块土纺花布包了，背在肩上。

土纺花布小包裹了我的痴唱，携上它继续前行。一路上我不断地识字：如果说象形文字源于实物，它们之间要一一对应，那么现在是更多地指认实物的时候了。这是一种可以保持长久的兴趣，也只有在广大的土地上才做得到。琐细迷人的辨识中，时光流逝不停，就这样过起了自己的日子。我满足于这种状态和感觉、这其间难以言传的欢愉。这欢愉真像是窃来的一样。

我知道不能忍受的东西终会消失；但我也明白一个人有多么执拗。因此，历史上的智者一旦放逐了自己就乐不思蜀。一切都平平淡淡地过下来，像太阳一样重复自己。这重复中包含了无尽的内容。

五

在一些质地相当纯正的著作里，我注意到它一再地提请我们注意如下的意思：孤独有多么美。在这儿，孤独这个概念多少有些含混。大概在精神的驻地、在人的内心，它已经无法给弄得更准确了。它大约在指独自一人——当然无论是肉体方面还是精神方面的状态。一个动物、一株树，都可以孤独。孤独是难以归类的结果。它是美的吗？果真如此，人们也就无须慌悚逃离了。它起码不像幻想那么美；如果有一点点，也只是一种苍凉的美。

一个人处于那样的情状只会是被迫的。现代人之所以形单影只，还因为有一个不断生长的“精神”。要截断那种恐惧，就要截断根须。然而这是徒劳的，因为只要活着，它总要生长。伪装平庸也许有趣，但要真的将一个人扔还平庸，必然遭到他的剧烈抵抗。独自低徊富于诗意，但极少有人注意其中的痛苦。孤独往往是心与心的通道被堵塞。人一生下来就要面对无数隐秘，可是对于每个人而言，这隐秘后来不是减少而是成倍地增加了。它来自各个方面，也来自人本身。于是被嘲弄被困扰的尴尬就始终相伴，于是每个人都在自觉不自觉地挣脱——说不出的惶恐使他们丢失了优雅。

在我眼里，孤独是可怕的，但更可怕的是放弃自尊。怎样既不失去后者又能保住心灵上的润泽？也许真的“鱼与熊掌不可兼得”，也许它又是一个等待破解的隐秘。在漫漫的等待中，有什么能替代冥想和自语？我发现心灵可以分解，它的不同的部分甚至能够对话。可是不言而喻，这样做需要一份不同寻常的宁静，使你能够倾听。

正像一籽抛落就要寻下裸土，我凭直感奔向了土地。它产生了一切，也就能回答一切，圆满一切。因为被饥困折磨久了，我远投野地的时间选在了九月，一个五谷丰登的季节。这时候的田野上满是结果。由于丰收和富足，万千生灵都流露出压抑不住的欣喜，个个与人为善。浓绿的植物、没有衰败的花、黑土黄沙，无一不是新鲜真切。待在它们中间，被侵犯和伤害的忧虑空前减弱，心头泛起的只是依赖和宠幸……

这是一个喃喃自语的世界，一个我所能找到的最为慷慨的世界。这儿对灵魂的打扰最少。在此我终于明白：孤独不仅是失去了沟通的机缘，更为可怕的是频频侵扰下失去了自语的权利。这是最后的权利。

就为了这一点点，我不惜千里跋涉，甚至一度变得“能够忍受”。我安定下来，驻足入驿，这才面对自己的幸运。我简直是大喜过望了。在这里我弄懂一个切近的事实：对于我们而言，山脉土地，是千万年不曾更移的背景；我们正被一种永恒所衬托。与之相依，尽可以沉入梦呓，黎明时总会被久长悠远的呼鸣给唤醒。

世上究竟哪里可以与此地比拟？这里处于大地的中央。这里与母亲心理上的距离最近。在这里，你尽可述说昨日的流浪。凄冷的岁月已经过去，一个男子终于迎来了双亲。你没有泣哭，只是因为你学会了掩泪入心。在怀抱中的感知竟如此敏锐，你只需轻轻一瞥就看透了世俗。长久和短暂、虚无与真实，罗列分明。你发现寻求同类也并非想象那么艰苦，所有朴实的、安静的、纯真的，都是同类。它们或他们大可不必操着同一种语言，也不一定要以声传情。同类只是大地母亲平等照料的孩子，饮用同样的乳汁，散发着相似的奶腥。

在安怡温和的长夜，野香熏人。追思和畅想赶走了孤单，一腔柔情也有了着落。我变得谦让和理解，试着原谅过去不曾原谅的东西，也追究着根性里的东西。夜的声息繁复无边，我在其间想象；在它的启示之下，我甚至又一次探寻起词语的奥秘。我试过将音节和发声模拟野地上的事物，并同时传递出它的内在神采。如小鸟的“啾啾”，不仅拟声极准，“啾”字竟是让我神往的秋、秋天秋野；口、嘴巴歌喉——它们组成的，还有田野的气声、回响，深夜里游动的光。这些又该如何模拟出一个语词并汇入现代人的通解？这不仅是饶有兴趣的实验，它同时也接近了某种意义和目的。我在默默夜色里找准了声义及它们的切口，等于是按住万物突突的脉搏。

一种相依相伴的情感驱逐了心理上的不安。我与野地上的一切共存共生，共同经历和承受。长夜尽头，我不止一次听到了万物在诞生那一刻的痛苦嘶叫。我就这样领受了凄楚和兴奋交织的情感，让它磨砺。

好在这些不仅仅停留于感觉之中。臆想的极限超越之后，就是实实在在的触摸了。

六

因为我在很大程度上摆脱了生命的寂寥，所以我能够走出消极。我的歌声从此不仅为了自慰，而且还用以呼唤。我越来越清楚这是一种记录，不是消遣，不是自娱，甚至也来不及伤感。如若那样，我做的一切都会像朝露一样蒸掉。我所提醒人们注意的只是一些最普通的东西，因为它们之中蕴含的因素使人惊讶，最终将被牢记。我关注的不仅仅是人，而是与人不可分割的所有事物。我不曾专注于苦难，却无法失去那份敏感。我所提供的，仅仅是关于某种状态的证词。

这大概已经够了。这是必要的。我在这儿仅仅遵循了质朴的原则，自然而然地藐视乖巧。真实伴我左右，此刻无须请求指认。我的声音混同于草响虫鸣，与原野的喧声整齐划一。这儿不需一位独立于世的歌手；事实上也做不到。我竭尽全力只能仿个真，以获取在它们身侧同唱的资格。

来时两手空空，野地认我为贫穷的兄弟。我们肌肤相摩，日夜相依。我隐于这浑然一片，俗眼无法将我辨认。我们的呼吸汇成了风，气流从禾叶和河谷吹过，又回到我们中间。这风洗去了我的疲惫和倦怠，裹挟了我们的合唱。谁能从中分析我的嗓音？我化为了自然之声。我生来第一次感受这样的骄傲。

我所投入的世界生机勃勃，这儿有永不停息的蜕变、消亡以及诞生。关于它们的讯息都覆于落叶之下，渗进了泥土。新生之物让第一束阳光照个通亮。这儿瞬息万变，光影交错，我只把心口收紧，让神思一点点溶解。喧哗四起，没有终结的躁动——这就是我的故地。我跟紧了故地的精灵，随它游遍每一道沟坎。我的歌唱时而荡在心底，时而随风飘动。精灵隐隐左右了合唱，或是合声催生了精灵。我充任了故地的劣等秘书，耳听口念手书，痴迷恍惚，不敢稍离半步。

眼看着四肢被青藤绕裹，地衣长上额角。这不是死，而是生。我可以做一棵树了，扎下根须，化为了故地上的一个器官。从此我的吟哦不是一己之事，也非我能左右。一个人消逝了，一株树诞生了。生命仍在，性质却得到了转换。

这样，自我而生的音响韵节就留在了另一个世界。我寻找同类因为我爱他们、爱纯美的一切，寻求的结果却使我化为了一棵树。风雨将不断梳洗我，霜雪就是膏脂。但我却没有了孤独。孤独是另一边的概念，洋溢着另一种气味。从此尽是树的阅历，也是它的经验和感受。有人或许听懂了树的歌吟，注目枝叶在风中相摩的声响，但树本身却没有如此的期待。一棵棵树就是这样生长的，它的最大愿望大概就是一生抓紧泥土。

七

随着年龄的增长，我越来越注意到艺术的神秘的力量。只有艺术中凝结了大自然那么多的隐秘。所以我认为光荣从来属于那些最激动人心的诗人。人类总是通过艺术的隧道去触摸时间之谜，去印证生命的奥秘。自然中的全部都可通过艺术之手的拨动而进入人的视野。它与人的关系至为独特，人迷于艺术，是因为他迷于人本身、迷于这个世界昭示他的一切。一个健康成长着的人对于艺术无法选择。

但实际上选择是存在的。我认为自己即有过选择。对于艺术可以有多种解释，这是必然的。但我始终认为将艺术置于选择的位置，是一次堕落。

我曾选择过，所以我也有过堕落。补救的方法也许就是紧紧抱定这个选择结果，以求得灵魂的升华。这个世界的物欲愈盛，我愈从容。对于艺术，哪怕给我一个独守的机会才好。我交织着重重心事：一方面希望所有人的投入，另一方面又怕玷污了圣洁。在我看来它只该继续走向清冷，走到一个极端。留下我来默祷，为了我的守护，和我认准了的那份神圣。当然这是不可能的。

我梦见过在烛光下操劳的银匠，特别记住了他头顶闪烁的那一团白发。深不见底的墨夜，夜的中间是掬得起的一汪烛晖……什么是艺术？什么是劳动？它们共生共长吗？我在那个清晨叮咛自己：永远不要离开劳动——虽然我从未想过，也从未有过离去的念头。

艺术与宗教的品质不尽相同，但二者都需要心怀笃诚。当贪婪和攫取的狂浪拍碎了陆地，你不得不划一叶独舟时，怀中还剩下了什么？无非是一份热烈和忠诚。饥饿和死亡都不能剥夺的东西才是真正珍贵的。多少人歌颂物欲，说它创造了世界。是的，它创造了一个邪恶的世界；它也毁灭了一个世界，那是一个宁静的世界。我渐渐明白：要始终保有富足，积累的速度并不重要，重要的是能够积累。诚实的劳动者和艺术家一块儿发现了历史的哀伤，即不能够。

人的岁月也极像循环不止的四季，时而斑斓，时而被洗得光光。一切还得从头开始。为了寻觅永久的依托，人们还是找到站立的这片土地。千万年的秘史粿在泥中，生出鲜花和毒菇。这些无法言喻的事物靠什么去洞悉和揭示？哪怕是仅仅获取一个接近的权力，靠什么？仍然是艺术，是它的神秘的力量。

滋生万物的野地接纳了艺术家。野地也能够拒绝，并且做得毅然彻底。强加于它的东西最终就不能立足。泥土像好的艺术家，看上去沉静，实际上怀了满腔热情。艺术家可以像绿色火焰，像青藤，在土地上燃烧。

最后也只能剩下一片灰烬。多么短暂，连这点也像青藤。不过他总算用这种方式挨紧了热土。

八

我曾询问：一个知识分子的精神源自何方？它的本源？很久以来，一层层纸页将这个本来浅显的问题给覆盖了。当然，我不会否认渍透了心汁的书林也孕育了某种精神。可我还是发现了那种悲天的情怀来自大自然，来自一个广漠的世界。也许在任何一个时世里都有这样的哀叹——我们缺少知识分子。它的标志不仅是学历和行当上的造就，因为最重要的依据是一个灵魂的性质。真正的“知”应该达于“灵”。那些弄科技艺术以期成功者，同时要使自己成长为一个知识分子。

将“知识分子”这个概念俗化有伤人心。于是你看到了逍遥的骗子、昏聩的学人、卖了良心的艺术家。这些人有时并非厌恶劳动，却无一例外地极度害怕贫困。他们注重自己的仪表，却没有内在的严整性，最善于尾随时风。谁看到一个意外？谁找到一个稀罕？在势与利面前一个比一个更乖，像临近了末日。我宁可一生泡在汗尘中，也要远离它们。

我曾经是一个职业写作者，但我一生的最高期望是：成为一个作家。

人需要一个遥远的光点，像渺渺星斗。我走向它，节衣缩食，收心敛性。愿冥冥中的手为我开启智门。比起我的目标、我追赶的修行，我显得多么卑微。苍白无力，琐屑慵懒，经不住内省。就为了精神上的成长，让诚实和朴素、让那份好德行，永远也不要离我，让勇敢和正义变得愈加具体和清晰。那样，漫长的消磨和无声的侵蚀，我也能够陪伴。

在我投入的原野上，在万千生灵之间，劳作使我沉静。我获得了这样的状态：对工作和发现的意义坚信不疑。我亲手书下的只是一片稚拙，可这份作业却与俗眼无缘。我的这些文字是为你、为他和她写成的，我爱你们。我恭呈了。

九

就因为那个瞬间的吸引，我出发了。我的希求简明而又模糊：寻找野地。我首先踏上故地，并在那里迈出了一步。我试图抚摸它的边缘，望穿雾幔；我舍弃所有奔向它，为了融入其间。跋涉、追赶、寻问——野地到底是什么？它在何方？野地是否也包括了我浑然苍茫的感觉世界？

我无法停止寻求……

1992年8月16日

赏析

张炜的散文《融入野地》以一颗赤子之心，强烈抒发对野地、对自然、对故土的无限深情。张炜一直在执着于自己的精神追寻："我想寻找一个原来，一个真实。""做梦都想像一棵树那样抓牢一小片泥土。我拒绝这种无根无定的生活，我想追求的不过是一个简单、真实和落定。"这种简单、真实和落定的生活是个什么样子呢？"我所投入的世界生机勃勃，这儿有永不停息的蜕变、消亡以及诞生。关于它们的讯息都覆于落叶之下，渗进了泥土。新生之物让第一束阳光照个通亮。这儿瞬息万变，光影交错，我只把心口收紧，让神思一点点溶解。"当人之所以为人的那一缕"神思"被"一点点溶解"之后，人就转化为树了："眼看着四肢被青藤绕裹，地衣长上额角。这不是死，而是生。我可以做一棵树了，扎下根须，化为了故地上的一个器官。从此我的吟哦不是一己之事，也非我能左右。一个人消逝了，一株树诞生了。生命仍在，性质却得到了转换。"这种转换也就是人与自然的和谐为一，是张炜穷毕生精力所要追究的"原来"和"真实"。所谓"和谐为一"，就是人与自然的整体统一乃至等同，这当然不是说人与自然中的一切生命都完全一样，就生命的表现形态来说，各种生命都是绝不相同的，但就生命的"原初"形态来说则都是同一的，这种同一性就表现在对泥土的依赖：萌生于泥土，生长于泥土，最后又归依于泥土。任何生命都逃不脱这一宿命的轮回，因而任何生命在这一意义上都是同一的。

"当我投入一片茫茫原野时，就明白自己背向了某种令我心颤的、滚烫烫的东西。我从具体走向了抽象。站在荒芜间举目四望，一个质问无法回避。我回答仍旧爱着。尽管头发已经蓬乱，衣衫有了破洞，可我自知这会儿已将内心修葺得工整洁美。我在迎送四季的田头壑底徘徊，身上只负了背囊，没有矛戟。我甘愿心疏志废、自我放逐。冷热悲欢一次次织成了网，我更加明白我‘不能忍受’，扔掉小欣喜，走入故地，在秋野禾下满面欢笑。”张炜对自然的热爱溢于言表，他渴望融入野地，融入自然。张炜对自然的热爱，不仅表现为对自然的贴近，更把自然作为他精神理想的主要寄托对象，通过自然万物的呈现，展示其对生态理想的憧憬与想象。大自然既是张炜生命的体现，更是其艺术生命的寄托。他的艺术在广阔的大自然中自由驰骋，构筑了一个恬静和谐的自然生命与自我生命统一的精神生态家园，实现了人与自然的和谐共处，表达了对“诗意栖居”理想的渴望与坚守。

作品

理想的幸福生活（节选）①

钱理群

个人发展的目标："幸福地度日，合理地做人。"

回顾我们每个人对幸福的理解，其实是有一个发展过程的。就我个人而言，我最早对幸福的理解，就是首先要有一个好的工作和稳定的收入，有一个基本的工作和生活条件。记得读大学时，我就定了三大幸福指标，就是要有一间房，一本书，一杯茶。在我的想象中，如果能坐在完全属于自己的书房里，自由自在地一边喝茶，一边读书，就是最大的幸福了。这是一个典型的读书人的幸福观，也可以说是做了几十年的梦。因为在我们生活、成长的二十世纪五六十年代，不但要有一间独立的书房是一种奢望，而且追求"一本书，一杯茶"的生活方式，本身就是一种罪恶，因此受到了数不清也说不清的批判。今天诸位大概就没有我这样的苦恼，但有一点应该是相同的：每个人最早的幸福观都是立足于物质基础上的幸福，也就是要解决生存、温饱问题。大概在座的一些刚进工厂的年轻朋友，你们首先追求的，还是我当年的"一间房"，而且是住房，

① 节选自《鲁迅与当代中国》中的《和宝钢人谈鲁迅》（北京大学出版社 2017 年版），有删改。钱理群，1939 年出生于重庆。著有《1948：天地玄黄》《周作人传》等。

还不是书房。实际上，我们应当强调物质生活是人的幸福的基本保障。这一点，是不能动摇的。现在有人宣传幸福不在于物质，而在于个人心灵是否平静，对这样的要求我们“安贫乐道”的说教，应该保持警惕。相反，我们应该理直气壮地维护自己的物质利益，争取自己的基本生存权和温饱权，物质基础是人的幸福的基本保证和前提。尤其在今天的中国，还有相当部分的人没有解决这些问题，不仅是已经和潜在的失业工人、农民工，还有 2009 年议论得最多的“蜗居”的“蚁民”。今天我们还是要强调物质对于幸福的基础性意义。

然而，对于大多数人来说，在解决了生存、温饱这两个问题以后，还会遇到新的问题，主要是精神发展的苦恼和不幸福感。我们现在面临的也是今天我要重点讲的问题：基本解决温饱后我们如何理解幸福？什么叫“幸福地度日”？什么叫“合理地做人”？

三大不幸福感

我在准备今天的演讲时，正好看到《南风窗》上的一篇文章，谈到现在企业、公司的白领有三大不幸福感。

首先是不安全感。因为这些白领的幸福全部是建立在物质基础上，他的全部价值都捆绑在有一个稳定的工作、不错的收入上，一旦失去工作，收入降低，人就一无是处，这就产生了极其强烈的不安全感。特别是在金融危机的情况下，失业成为悬在每个人头上的一把剑，工作战战兢兢，唯恐得罪上司、老板，不得不主动加班加点，实际上把自己出卖给了公司，还整天惶惶不安。

其次，是突然失去目标的焦虑感。原来目标很明确：要有好工作、好收入，要有房子和车子，等等。而一旦目标实现或基本实现，就出现了一个问题：有了房子，有了汽车，又如何？反过来想想，自己为此付出了多大的代价？透支了健康，透支了情感，透支了生活，这样做到底为了什么？许多人都为此而焦虑。这是可以理解的：人毕竟是有精神追求的，单纯的物质享受是不可能成为人唯一的生活目标的。《南风窗》的这篇文章就提出了一个“心安何处?”的问题。老百姓常说：心安是福，只有心有所安，才会有真正的幸福。但是，何处使我们心安，我们的精神的家园在哪里？失去生活目标，失去信仰，找不到精神家园，这大概就是现在基本已经解决了温饱问题以后的中国人普遍存在的最严重的问题。

另外，很多人还有孤独感。这是这些年来物质生活为中心的发展以及竞争所带来的后果。在无休止的竞争中形成了一个“他人即敌人”的观念，用敌意的眼光看周围的人，以“恶意假设”彼此对待，把别人做的事情都从坏的方面去想，比如现在很多人看到老人倒在地上而不敢去救，因为别人会怀疑你的动机。这样，人与人之间，就失去了最基本的信任感。医生不相信病人，病人不相信医生；老师不信任学生，学生不相信老师。自己释放恶意、敌意，又彼此交换恶意、敌意，这就极严重地毒化了社会环境。在这种情况下，传统的亲情、友情也逐渐淡化。所以，有人说，我们上班是戴着面具的，回家摘下面具后就觉得只是孤单一人。这些年，在城市里，特别是在大城市，不仅孩子玩游戏机，连大人也在玩游戏机，其实就是借此填补心里的空虚。这样的孤独感、空虚感，发展到极端，也导致了越来越多的自杀现象。

这一切，都反映了社会的、企业的职工，白领阶层的精神危机。无情的事实提醒我们，在基本解决了温饱问题以后，最迫切的任务，就是要解决“心安何处”的问题，其核心就是鲁迅提出的“幸福观”“做人观”的问题，要对我们已经习以为常的“以物质生活和享受为核心”的幸福观进行反思，以建立一种更为合理的新的幸福观。

中国政府曾提出过六项关于幸福的标准，可能大家平时不太关注，即：民主法治、公平正义、诚信友爱、充满活力、安定有序、人与自然和谐，这其实也是一种幸福观。民间对幸福也有自己的理解。比如民间解读“和谐”，说所谓的“和”就是有禾入口，所谓“谐”就是有言皆说、有话都可以说。这也可以看作民间的幸福观：首先，人人有饭吃；其次，人人可以自由讲话，不仅仅是言论自由，还包括人的自由精神状态，也就是要追求生存、温饱和发展的统一，物质与精神的统一。

这里的核心就是一个物质生活和精神生活的关系问题。在这方面，鲁迅有很精彩的论述，这本《鲁迅论中国人和社会的改造与发展》里，专门有一节“致人性于全”就是讨论这个问题的。他讲了三句话：第一，“钱是要紧的”，物质是基础，人的本能欲望并非罪恶；第二，“自由不是钱所能买到的”，金钱并非万能，物质不能尽“人性之本”；第三，自由“能够为钱所卖掉”，如果对金钱崇尚过度，就会变成金钱的奴隶，失去精神自由。鲁迅强调，要“致人性于全”，也就是说，要在满足人的物质欲望和精神自由发展之间取得一种平衡，保证人性的全面、健康的发展。

五条关于生活方式的建议

“幸福观”，这不仅是一个价值观，同时也包含着一种能给自己带来幸福的生活方式的选择。我在北京曾和许多青年志愿者讨论过：我们应当建立一种怎样的合理的生活方式。我讲了五点。

第一，在基本上解决了温饱问题的前提下，我们应当追求简单的物质生活与丰富的精神生活。这也是从鲁迅的论述里引申出来的。鲁迅说，“生存并不是苟活”，就是说要追求活着的意义、价值与质量，最有意义、价值的生活就是精神生活，精神实为“人类生活之极巅”，“人生之第一义”，因此，在追求精神生活的丰盈上应该是无止境的，只有在这样的无止境的追求中，才会得到人之为人的幸福。精神的追求高了，在物质追求上就应该有所节制，这就是鲁迅说的，“温饱不是奢侈”，“发展不是放纵”，这就是“简单的物质生活”。其实，朴素、简单，是更接近人的本性的，是一种更本色的人的生活。

关于如何丰富我们每一个人的精神生活，这是一个大题目，有许多文章可做。这里，只想对诸位提一个建议，就是要多读书，让读书成为我们的生活的重要内容，甚至成为生活的习惯。我经常说，读书最大的好处就是不受时间、空间的限制。我们每个人的日常生活的空间和时间，人际交往都是有限的；但我们可以通过读书超越时空，和百年之前，万里之遥的古今中外的人交友，这就极大地拓展了我们的精神空间。读书交友还有一个好处，就是可以“召之即来，挥之即去”。比如我们想到孔夫子时打开《论语》，就可以和孔夫子对话；读累了，合上书本，孔夫子就走了。这多好，多有意思！

第二，在紧张和安闲、进取和散淡之间取得一种平衡。现代生活是高度紧张化的，是不是可以有点变化？中国道家的传统追求散淡，儒家追求进取，我们能不能在儒、道之间寻取某种平衡？现在也有一种理念叫“慢生活”，是有一定道理的。

第三，在城市生活和乡村生活之间寻取某种平衡。长期居住在城市的人能不能去乡村生活一段时间？因为人在大自然之中，是一种最理想的生活方式。我以前说过一句话：立足天地，仰望星空，这是一种最理想的人的生存方式，也是最理想的教育方式。人流动于城乡之间，是最理想也是最幸福的。顺便对于在座的年轻的父母提一个建议，你们在培养子女的时候，是不是可以安排孩子每年到农村去生活几个星期或者一个月，不是去旅游，而是真正的生活，让你们的孩子与农村的孩子一起在田野里疯跑，在河水里游泳，这对孩子的发展是至关重要的。长期生活在城市，尤其像上海这样的大城市的狭窄空间里，是会束缚孩子的成长的。

第四，在体力劳动和脑力劳动中寻求某种平衡。这里我要特别强调的是手工劳动。因为现代化企业都已实现了机械化，这就带来了人的手越来越不灵巧的问题。手工劳动其实不仅仅是一种劳动，而是关乎人的健全发展。所以，手工劳动是不能取消的。现在很多人设计新的生活方式，就是利用业余时间做手工活儿。美国就有手工俱乐部，大家一起织毛衣，男的自己打造皮箱，女的做皮包，全部的活动都是手工完成，在互相交流中显示各自的创造力。

第五，在私人生活和公共生活中取得某种平衡。人不能完全把自己局限在家庭的私人生活中，应当适当地参加公共生活。要提倡一种志愿者的精神，把帮助别人作为一种生活的习惯，甚至成为生活的方式。我们不能只在参加志愿者活动时助人为乐，而应该在日常生活中，只要看到有人有困难，就立刻出手帮助，成为一种本能性的反应。

以上所谈理想的幸福生活，有一个基本思路，就是要在各方面取得平衡：物质与精神的平衡；紧张和安闲、进取和散淡之间的平衡；城市生活、乡村生活之间的平衡；体力劳动和脑力劳动之间的平衡；私人生活和公共生活之间的平衡；等等。其中最核心的就是物质生活和精神生活之间的平衡。在我的理解里，这是“幸福地度日”的关键。

赏析

钱理群，著名的鲁迅、周作人研究专家。他在20世纪中国思想、文学和社会领域都有精深研究，特别是对20世纪中国知识分子历史与精神的审察，尤为深刻，因此得到海内外的重视与尊重。

《理想的幸福生活》摘自钱老2017年的新书《鲁迅与当代中国》，是他近年来在鲁迅研究领域所做的全新思考与论述的结集，聚焦鲁迅对当代中国，尤其是他对当下年轻人的影响与意义。钱老借此书重申鲁迅作为民族性、原创性的思想者与实践者的重要价值，并充分论证了鲁迅在当代中国仍具有巨大的思想启迪作用。

“理想的幸福生活”其实是一个很个人化的命题，相信每一个人都会有专属于自己的“幸福观”。林语堂的“幸福”：一是睡在自家的床上，二是吃父母做的饭菜，三是听爱人给你说情话，四是跟孩子做游戏。亦舒的理想生活是：不用吃得太好、穿得太好、住得太好，但必须自由自在，不感到任何压力，不做工作的奴隶，不受名利支配，有志同道合的伴侣、活泼可爱的孩子，丰衣足食。

本文虽然是一篇关于“幸福观”的演讲，但它却不同于各种流行于网络的“温情鸡汤”。钱老的文章以鲁迅关于“致人性于全”的讨论为核心，要求现代人建立一种信仰：在满足人的物质欲望和精神自由发展之间取得一种平衡，保证人性的全面、健康发展。文章结构清晰明了，主题层层推进、娓娓道来，文字虽平易近人却又一针见血，仔细咀嚼之后让人获益良多。

文章开头，钱老便直接提出个人发展的目标是“幸福地度日，合理地做人”。何为幸福？何为合理？它随着时代的发展而有所改变，钱老并不排斥物质生活，他认为我们仍需要强调物质生活是人的幸福的基本保障，否定“安贫乐道”的说教。接下来钱老提出本文重点探讨的问题：基本解决温饱后我们如何理解幸福？什么叫“幸福地度日”？什么叫“合理地做人”？在这里，钱老以鲁迅的观点为基础，自己又根据时代的变化加以深入阐释。他先引用《南风窗》的文章指出现代人的“三大不幸福感”：不安全感、突然失去目标的焦虑感、孤独感。而它们的根源，就在于心灵无处安放。因此，我们反思已经习以为常的“以物质生活和享受为核心”的幸福观，以建立一种更为合理的新的幸福观。所谓的“幸福”“合理”，归根到底，就是一种平衡。对此，钱老提出了五条关于生活方式的建议，希望我们在物质与精神、紧张与安闲、城市生活与乡村生活、体力劳动与脑力劳动、私人生活与公共生活等五个方面取得平衡。其中最核心的就是物质生活和精神生活之间的平衡：多读书、多读好书，是我们在偌大的世界中心有所安的最好办法。

要有基本的物质保障，却不囚困于物质的迷网，能够建立属于自我的精神信仰。这不仅是钱老心目中的“理想的幸福生活”，更是我们需要用一辈子去学习、追求的“理想的幸福生活”。

作品

在云上（节选）[①]

林清玄

先知豆腐

和鲍鱼排翅同席，不以为贵；
与青菜萝卜共煮，不以为贱。
在富豪的酒宴中与龙虾同烹，不以为喜；
在穷人的大锅里与剩菜杂烩，不以为悲。
与竹笋青菜做朋友，它不显露；
与红蟳九孔结伴走，它不隐藏。
豆腐就像先知，
在自己的家乡不受重视，
却无损于它的价值。

一些喜欢吃豆腐的朋友，约好到深坑吃豆腐。

早就知道深坑是豆腐的圣地，但是看到、尝到豆腐竟能做出一整桌菜，还是大为惊叹！豆腐几乎是无所不能的，煎、

① 选自《在云上》（河北教育出版社 2006 年版）。林清玄（1953—2019），生于中国台湾高雄。著有《菩提十书》《清净之莲》等。

炒、煮、炸、卤、炖、烤、清蒸、红烧、麻辣、干烧、腌制……真是令人大开眼界。

吃着那些各具巧妙的豆腐，使我想起自己喜欢吃豆腐的缘由。

从前在乡下，我们都是以地瓜稀饭当早餐，几乎没有什么配菜，最常见的是炒花生、豆腐乳、咸菜，还有豆腐。

在我们家吃豆腐和一般人不同，妈妈大清早到市场边的豆腐作坊买老豆腐，那豆腐刚做好，还是热的。妈妈往往连豆腐和垫着的木板一起带回来，摆在餐桌的正中央。每四个小方格切成一块，洒一些柴鱼末，淋一点酱油膏，每吃一口，芬芳的豆香就会充满了口腔，感动得说不出话；可惜，每个人只能吃方方的一块，吃完跑着去上学的时候，感觉舌上还冒着豆腐的余香。

外表庄严、内心柔软

我们家常吃豆腐，是因为豆腐是最价廉、最营养，又最美味的。

从此，我爱吃豆腐，只是万万没有想到豆腐竟可以烧出一桌酒席，并且成为酒席里最重要的主角。

一边吃豆腐，我一边对朋友说："我们一直在吃豆腐，实在应该想想豆腐不只是食物，也可以做我们的老师。"

朋友听了，面面相觑。

我说，豆腐可以做老师的地方很多，像豆腐都是方方正正，外表很庄严，内心却很柔软；这就如同古代的禅师一样，表面上刚正不阿，心里面却是老婆心切。

豆腐不忌寒热，它不像别的食物，有的要冷食，有的要热食，"冻豆腐"和"炸豆腐"不但不会使豆腐失味，反而使之风味独具。这种无寒暑的分别，火里来、水里去都能锻炼的性情，也像是"冷时冷死你，热时热死你"的禅师。

豆腐对一切的食物都保有包容和欣赏的态度，这世界上再也没有一种食物像豆腐，完全没有排斥的性格。它和鲍鱼排翅同席，不以为贵；与青菜萝卜共煮，不以为贱；在富豪的酒宴中与龙虾同烹，不以为喜；在穷人的大锅里与剩菜杂烩，不以为悲；与竹笋青菜做朋友，它不显露；与红蟳九孔结伴走，它不隐藏……像这样完全舍弃执着，与一切相亲相爱，不正是三昧的境界吗？不正是《金刚经》所说“应无所住而生其心”的境界吗？

再想想，做成一块好豆腐，过程是千锤百炼的，先在沉重的石臼中磨成粉碎，在细小的网眼中过滤，在水与火中冶炼，历经各种折磨，但豆腐永远是“烈火焚烧若等闲，只留清白在人间”，永远以最洁净的面目示人，不管用什么方法去煮，它都不会失去“本来面目”。这不也是一个人要迈向更高境界，所需要的锻炼吗？

豆腐的内涵和品性实在是说之不尽，许多人都说火药、纸张、印刷术是中国人的三大发明，豆腐的发明比起来也是毫不逊色的，如果把豆腐从文化里抽离，从此餐桌上没有豆腐，实在是不可想象的。

我们不但要吃豆腐、爱豆腐、学豆腐，还应该把豆腐的伟大广为流传。

千百年来，豆腐虽然无言，但豆腐是先知，它先我们不执着，先我们无分别，先我们受冶炼，先我们能以欣赏的眼睛看世界。

当我说完了豆腐的伟大，朋友们都怔怔看着满桌的豆腐。确实，面对这个平凡的世界，如果我们换了眼睛，看到的世界就花红柳绿了，即使是小小的豆腐里面，也有着广大的哲学与深刻的悟境呀！

然而，不管面对多么伟大的情境，还是要回到平常心，豆腐不就是最平常心的食物吗？

我举起筷子，专心地吃最后的甜点——杏仁豆腐。

突然，听见朋友心里欢喜的赞叹！

今日未吃茶

我与茶山的兄弟
在水中悠悠旋舞
思念起山中
清明的第一阵雨
雨中蒙蒙的花树

三起三落
起时万里飘萍
落时千山林立
这就是人生呀

成与败永远如此纠结

我的第一次下海也是最后的舞姿
金黄的是朝阳或是夕阳
艳红的是枫林还是桃花
昏眩中我含泪吐香
吐出了一整个春天

穿着僧袍的老禅师
深深啜了一口
“赵州的茶
还是一样的香呀！”
轮回中我总听见这样的叹息

有一位和尚去参访赵州从谂禅师。

赵州：“你曾来过这里吗？”

“曾来过。”

“吃茶去！”赵州说。

又有一位和尚来参访赵州。

赵州：“你曾来过这里吗？”

“不曾来过。”

“吃茶去！”

赵州的侍者在旁边看了很纳闷，忍不住问道：

“师父！为什么曾到也说吃茶去，不曾到也说吃茶去呢？”

“你也吃茶去吧！”

赵州“左也吃茶去，右也吃茶去”，成为禅宗美丽的公案。后来的许多禅师把“吃茶”当成机锋，到头来甚至泛滥成灾，我们在典籍里俯拾即是。

僧问虔州处微禅师：“远趋丈室，乞师一言。”

师曰：“吃茶去！”

金坦问雪峰义存禅师：“平田浅草，麋鹿成群，如何射得麋中主？”

师唤金坦，坦应诺，师曰："吃茶去。"

僧问化度师郁禅师："如何是西来意？"
师举起了拂尘。
"我不懂师父是什么意思。"
"吃茶去！"
僧问闽山令含禅师："既到妙峰顶，谁人为伴侣？"
师曰："到！"
"什么人为伴侣呢？"
"吃茶去！"

僧问福清行钦禅师："如何是顺俗违真？"
师曰："吃茶去！"
又问："如何是正燃灯？"
"吃茶去！"

读这些公案，令人感叹，赵州之后，谁能不饮赵州茶呢？赵州的"吃茶去！"虽然直截痛快，如果一直仿效，也会失去兴味，无怪乎黄龙慧南禅师要感叹地说："但见日头东畔上，谁能更吃赵州茶！"

我特别喜欢一则鲜少人知的公案：

僧问："从上宗乘如何为人？"
金轮可观禅师："我今日未吃茶。"

"未吃茶"与"吃茶去"的意境是一样的，但是当天下人以吃茶去为尚的时候，我却是"未吃茶"，这是"丈夫自有冲天志，不向如来行处行"。当天下皆曰吃茶去，我的未吃茶，更成为响亮的高音。

从赵州茶看来，有创意、创造力的禅宗祖师也不是那么多，更甭说是一般的人，特别是这个世界迈向一致性的时代，我们听同样的音乐、看同样的电影、使用同样的软件、追求同样遍布世界的名牌……我们的创意、创造力、文化观，几乎是任人摆布的。

任人摆布一时也说不出有什么不好，只是“本来面目”就愈来愈稀微了。卢梭说过：“衣衫褴褛的野蛮人，身体比衣冠楚楚的绅士健美得多，但人人欣羡绅士的衣冠，很少人欣赏野蛮人的健美。”

当我们与世界同步、同流、一致、一体之后，我们的真实、本质、创造却在流失而不知。就像许多后代的禅师模仿赵州，对于不可解的问题，一律用“吃茶去”带过，自己没有原创，就是有多么高超的悟，是令人存疑的。

十九世纪著名的作曲家罗西尼，被认为创意非凡。有一天，一位作曲家带一份乐曲手稿来请教他。

那位作曲家在演奏过程中，罗西尼频频脱帽。

演奏完后，作曲家问他：“是不是屋里太热了？”

罗西尼说：“不是，我见到熟人时，一向有脱帽的习惯。在你的曲子里，我遇到了太多熟人，不得不频频脱帽呀！”

时至今日，我们走进书店，要频频脱帽。

我们走进唱片行，要频频脱帽。

我们走进百货公司，要频频脱帽。

甚至，我们跑到山里向出家人请法，也只好频频脱帽。

因为真正有创见、有创意、有创造力的，实在太稀有难得了！脱帽是对创见的敬意，也是对流俗的无奈呀！

有一年春天，我到茶乡去买茶，发现同样是早摘的春茶，价格却大不相同。卖茶者言：“茶要品了才知道，来喝茶吧！”

各种茶都泡了一泡，发现价格高下有其道理，有的茶实非他茶可比。

卖茶的人说：“茶品与人品一样，愈独特、愈芳香、愈稀有就愈贵。”

我说：“是不是也有可能很好的茶却很便宜呢？”

茶人说：“好茶必出深山，天地灵气所钟，本就稀有。采茶、制茶的人，用心的也稀有。因此，至好的茶，必然稀有，怎么可能有便宜的好茶呢？”

我一边饮茶，一边脱帽，向这美丽的产茶的山水，向不知名的采茶与制茶的人，致上最深的礼敬。

赏析

林清玄的散文仿佛一缕清风、一弯明月、一道山泉，流过我们心灵的栖息地。《在云上》这本书追求人间的美好，探索人生的智慧，体会人文的心灵。本文所摘取的两篇短文延续了林清玄以往的写作风格，选取生活中最平常的场景为素材，写出高于生活的作品。《先知豆腐》中豆腐是最普通的家常菜，是最不被引起注意的存在。面对一桌豆腐宴，作者从豆腐的烹饪方法入手，显示出豆腐的可贵：无论配菜的高、低、贵、贱，豆腐始终不显山、不露水，保持本色。此亦提出了与之相关联的文化内涵——“应无所住而生其心”的境界。豆腐更体现出一种人生的态度：外表庄严、内心柔软。为人若能向豆腐看齐，保持庄重的外表，内心存有一份柔软，便能达到一种人生的高度。而豆腐的经历与人成功的经历又是何为相似啊！它们都需要经过千锤百炼之后才能达到一种包容和欣赏的态度。

《今日未吃茶》中赵州从谂禅师简单的一句“吃茶去！”却暗藏玄机，短小的文字里面暗含着一种意境、一种深刻的禅理。但是，当天下人将此句作为一种风尚的时候，一句“未吃茶”便成了更为响亮的高音。当时的人们并未完全体会其中的玄机，却由于它的直截了当而纷纷效仿，本有的意境和禅理便消失殆尽了。人的独特性在于人的创造力是独一无二的。虽然身处这个世界迈向一致性的时代，但是人不能失去信仰，失去自己人生的信条！“当我们与世界同步、同流、一致、一体之后，我们的真实、本质、创造却在流失而不知。”坚持自我、保持生命的本真才是一个人活着的意义所在。借茶品说人品，人的独特性才能体现一个人的可贵价值，才配得上最深的礼敬。

切磋琢磨

人文信仰在儒家文化中表现为“以出世的心态行入世的功能”，请结合本部分的文本，谈谈如何在当今社会构建人的道德文化体系。

吾将上下而求索

导读

信仰是一个人内心里对梦想的赤诚笃定、对真理的孜孜以求、对自我的鞭策督促。但是，追求信仰的路途注定是曲折的、艰辛的，“路漫漫其修远兮”，我们难免会遭遇现实的困厄、观点的碰撞、自我的怀疑、内心的冲突。本部分以“吾将上下而求索”为主题，欲探索在追求信仰的过程中我们该如何自处、与他人相处、与自然相处、与超自然相处。

五篇选文呈现给我们的是这一路上你可能会遭遇的困难，他们告诉你这一条路不容易，但你并不孤独，你能从前人的挣扎与抗争中汲取到力量，而后继续出发，你也能听到他们在对岸给你的鼓劲：往前走，别放弃。

鲁迅通过《影的告别》告诉我们：虽然追求信仰的过程会有彷徨、苦闷，但为了心中的信仰，牺牲自我也心甘情愿，即使前路艰险，他也愿意“独自远行”。徐志摩的《想飞》传达的是：人类诞生之初就有了信仰，文明的进程正是人类不断追求信仰的过程，今日的人类千万不要丢掉信仰，要清醒地听见自己内心的原始呼唤，志存高远、意志坚定，要敢于冲破现实与自身的局限——“飞出这圈子，飞出这圈子！到云端里去，到云端里去！”《一代人》的作者顾城，虽然经历了十年“文化大革命”，但却用积极乐观的态度去“寻找光明”，不为黑暗所困，奋力向上。杨克怀抱一颗赤子之心，通过《我在一颗石榴里看见了我的祖国》告诉我们：祖国是我们最坚实的依靠，我们个人的发展与祖国的命运休戚与共，人民只有万众一心、团结一致，方可产生强大的精神力量，人应当对自然、对祖国、对人民有深厚的热爱，这份热爱就是信仰，它会支撑我们穿越荆棘，结出累累硕果。周国平在《每个人都是一个宇宙》中对灵魂的终极意义进行了审问，提醒我们虽然人不能脱离社会和他人生活，但必须要追求人格上的独立自主，超越单纯功利性的欲望，找到自己精神依托之所在，唯有这样，才不至于在人生遭遇风浪之时找不到精神的支柱，不至于在纷繁世间迷失自我。

信仰，就像是一束光，在我们困顿之时能够指引我们走出黑暗，奔向光明。但它从来不是别人给予的，也不是环境恩赐的，它需要我们用心叩问、竭力追寻、步履坚定。信仰一旦在内心萌芽，就会拔节生长，不惧风雨。信仰一旦扎了根，那么无论遇上怎样的坏天气，我们都应当矢志不渝、初心不改、勇往直前，朝向天空，长成一棵参天大树。

当一个人对时代、对国家有足够的信仰，当一个人对自己追求的事业有笃定的信念，它就像一只能够自主飞翔的鸟儿。枝干安稳的时候，它歌唱，如一个诗人那般深情；但若树木生病了，枝干快要枯萎了，它会去为大树找虫、治病，像一个哲学家那样反思问题，像一个社会学家那样去探求真理，为了更健康的大树而奔波忙碌。只因它相信，它和它们的共同努力，会使得大树更加健康，枝干更加安稳，花叶更加繁茂，果实更加饱满。这就是信仰的力量！

作品

影的告别[1]

鲁　迅

人睡到不知道时候的时候，就会有影来告别，说出那些话——

有我所不乐意的在天堂里，我不愿去；有我所不乐意的在地狱里，我不愿去；有我所不乐意的在你们将来的黄金世界里，我不愿去。

然而你就是我所不乐意的。

朋友，我不想跟随你了，我不愿住。

我不愿意！

呜乎呜乎，我不愿意，我不如彷徨于无地。

我不过一个影，要别你而沉没在黑暗里了。然而黑暗又会吞并我，然而光明又会使我消失。

然而我不愿彷徨于明暗之间，我不如在黑暗里沉没。

---

① 选自《野草：插图本》（人民文学出版社 2015 年版）。鲁迅（1881—1936），浙江绍兴人。著有《呐喊》《彷徨》等。

然而我终于彷徨于明暗之间，我不知道是黄昏还是黎明。我姑且举灰黑的手装作喝干一杯酒，我将在不知道时候的时候独自远行。

呜乎呜乎，倘若黄昏，黑夜自然会来沉没我，否则我要被白天消失，如果现是黎明。

朋友，时候近了。

我将向黑暗里彷徨于无地。

你还想我的赠品。我能献你甚么呢？无已，则仍是黑暗和虚空而已。但是，我愿意只是黑暗，或者会消失于你的白天；我愿意只是虚空，决不占你的心地。

我愿意这样，朋友——

我独自远行，不但没有你，并且再没有别的影在黑暗里。只有我被黑暗沉没，那世界全属于我自己。

一九二四年九月二十四日

赏析

《影的告别》写于1924年9月24日，对于其主题的解读，历来存在争议。大概有以下几种理解：

（1）爱情隐喻说。有的人认为“我”指鲁迅，“你”指朱安或许广平。本篇表达的是鲁迅在爱情面前的痛苦、彷徨。

（2）自我解剖说。有的人认为“我”指的是鲁迅的精神、理性等，“你”代表鲁迅自己，表达的是自我对自己的突破。

（3）现实反映说。有的人认为“我”指的是鲁迅，“你”指的是做着好梦的青年们，青年们坚信未来的黄金世界是美好的。然而，现实是北洋军阀黑暗的统治，新文化运动队伍的分化，鲁迅感受到的正是梦醒以后无路可走的孤独和寂寞。

作为一名中学生，我们很难像学者一样有那么多的知识储备，对鲁迅和当时社会如此熟悉了解，我们姑且把背景知识放在一边，从作品的内容本身进行解读。

文章题为“影的告别”，我们看到这样的题目就会有接二连三的疑问从脑袋里冒出来。

(1)“影”指的是什么？是物理现象，还是人的名字？

读罢文章，我们可以感觉“影”有以下两种特性：①人的属性，“人睡到不知道时候的时候，就会有影来告别，说出那些话”，“影”可以说话，整篇都是“影”的独白。②物理属性，“然而黑暗又会吞并我，然而光明又会使我消失”，影子就是光线被物体挡住而形成的阴影，身体的影子在正午时最短，黄昏时最长。影子“彷徨于明暗之间”，“不知道是黄昏还是黎明”。

(2)“影”向谁告别？为什么告别？

“影”在向“人”告别。它为什么离开“人”？它与“人”的分歧点在哪里？“有我所不乐意的在你们将来的黄金世界里，我不愿去”，在“人”的“黄金世界里”有“影子”厌恶的东西，这个“不乐意”的东西是什么，文章没有给出明确的回答，如果抛却时代，每个人都可以给出自己的答案。“然而你就是我所不乐意的”，影子陈述自己离开“人”的理由。影子不满于“人”的什么呢？我们似乎能寻出一些蛛丝马迹来：①“人睡到不知道时候的时候，就会有影来告别”，这里“人”的状态是“睡”，也就是不清醒、不觉醒、麻木的、浑浑噩噩的，“影子”要离开这样的“人”。“影子”虽然也处于“不知道时候的时候”的状态，但它“喝干一杯酒”，准备“独自远行”。“人”对自己的处境没有清醒的认识，而“影子”不仅有清醒的认识，而且将有所行动，我想这是“影子”和“人”的分歧之一。②“你还想我的赠品”，在通常的理解中，“形影不离”，影子对“人”有强烈的依附性，但在这里“人”的主体性消失得无影无踪，并且奢望影子的“赠品”，这是“影子”向“人”告别的原因之二。

(3)告别后会怎样？

对“影”自己而言，将在“黑暗沉没”，被黑暗“吞并”，这意味着自身的毁灭。对于“人”而言，对于其他“影”而言，将处于一个没有黑暗的世界。从中我们看到的是一个勇于牺牲自我的形象，一个勇者无畏的形象，一个无私奉献的形象，为了心中的信仰，虽彷徨苦闷，但也不断地前进，这就是民族的脊梁——鲁迅。

作品

想　　飞①

徐志摩

假如这时候窗子外有雪——街上，城墙上，屋脊上，都是雪，胡同口一家屋檐下偎着一个戴黑兜帽的巡警，半拢着睡眼，看棉团似的雪花在半空中跳着玩……假如这夜是一个深极了的夜，不是壁上挂钟的时针指示给我们看的深夜，这深就比是一个山洞的深，一个往下钻螺旋形的山洞的深……

假如我能有这样一个深夜，它那无底的阴森捻起我遍体的毫管；再能有窗子外不住往下筛的雪，筛淡了远近间飏动的市谣；筛泯了在泥道上挣扎的车轮；筛灭了脑壳中不妥协的潜流……

我要那深，我要那静。那在树荫浓密处躲着的夜鹰轻易不敢在天光还在照亮时出来睁眼。思想：它也得等。

青天里有一点子黑的。正冲着太阳耀眼，望不真，你把手遮着眼，对着那两株树缝里瞧，黑的，有榧子来大，不，有桃子来大——嘿，又移着往西了！

我们吃了中饭出来到海边去（这是英国康槐尔极南的一

① 选自《现代散文精萃》（花城出版社 2011 年版）。徐志摩（1897—1931），浙江嘉兴人。著有《再别康桥》《翡冷翠的一夜》等。

角，三面是大西洋）。勖丽丽的叫响从我们的脚底下匀匀地往上颤，齐着腰，到了肩高，过了头顶，高入了云，高出了云。啊，你能不能把一种急震的乐音想象成一阵光明的细雨，从蓝天里冲着这平铺着青绿的地面不住的下？不，那雨点都是跳舞的小脚，安琪儿的。云雀们也吃过了饭，离开了它们卑微的地巢飞往高处做工去。上帝给它们的工作，替上帝做的工作。瞧着，这儿一只，那边又起了两！一起就冲着天顶飞，小翅膀动活得多快活，圆圆的，不踌躇地飞——它们就认识青天。一起就开口唱，小嗓子活动得多快活，一颗颗小精圆珠子直往外唾，亮亮的唾，脆脆的唾——它们赞美的是青天。瞧着，这飞得多高，有豆子大，有芝麻大，黑刺刺的一屑，直顶着无底的天顶细细地摇——这全看不见了，影子都没了！但这光明的细雨还是不住地下着……

飞。“其翼若垂天之云……背负苍天，而莫之夭阏者”；那不容易见着。我们镇上东关厢外有一座黄埿山，山顶上有一座七层的塔，塔尖顶着天。塔院里常常打钟，钟声响动时，那在太阳西晒的时候多，一枝艳艳的大红花贴在西山的鬓边回照着塔山上的云彩——钟声响动时，绕着塔顶尖，摩着塔顶天，穿着塔顶云，有一只两只有时三只四只有时五只六只蜷着爪往地面瞧的“饿老鹰”撑开了灰苍苍的大翅膀没挂恋似的在盘旋，在半空中浮着，在晚风中泅着，仿佛是按着塔院钟的波荡来练习圆舞似的。那是我做孩子时的“大鹏”。有时好天抬头不见一瓣云的时候听着猇忧忧的叫响，我们就知道那是宝塔上的饿老鹰寻食吃来了，这一想象半天里秃顶圆睛的英雄。我们背上的小翅膀骨上就仿佛豁出了一铿铿铁刷似的羽毛，摇起来呼呼响的，只一摆就冲出了书房门。钻入了玳瑁镶边的白云里玩儿去，谁耐烦站在先生书桌前晃着身子背早上的多难背的书！啊，飞！不是那在树枝上矮矮的跳着的麻雀儿的飞；不是那凑天黑从堂匾后背冲出来赶蚊子吃的蝙蝠的飞；也不是那软尾巴软嗓子做窠在堂檐上的燕子的飞。要飞就得满天飞，风拦不住云挡不住的飞，一翅膀就跳过一座山头，影子下来遮得阴二十亩稻田的飞，到天晚飞倦了就来绕着那塔顶尖顺着风向打圆圈做梦……听说饿老鹰会抓小鸡！

飞。人们原来都是会飞的。天使们有翅膀，会飞，我们初来时也有翅膀，会飞。我们最初来就是飞了来的，有的做完了事还是飞了去，他们是可羡慕的。但大多数人是忘了飞的，有的翅膀上掉了毛不长再也飞不起来，有的翅膀叫胶水给胶住了再也拉不开，有的羽毛叫人给修短了像鸽子似的只会在地上跳，有的拿背上一对翅膀上当铺去典钱使过了期再也赎不回……真的，我们一过了做孩子的日子就掉了飞的本领。但没了翅膀或是翅膀坏了不能用是一件可怕的事。因为你再也飞不回去，你蹲在地上呆望着飞不上去的天，看旁人有福气的一程一程地在青云里逍遥，那多可怜。而且翅膀又不比是你脚上的鞋，穿烂了可以再问妈要一双去，翅膀可不成，折了一根毛就是一根，没法给补的。还有，单顾着你翅膀也还不定规到时候能飞，你这身子要是不谨慎养太肥了，翅膀力量小再也拖不起，也是一样难不是？一对小翅膀驮不起一个胖肚子，那情形多可笑！到时候你听人家高声的招呼说，朋友，回去罢，趁这天还有紫色的光，你听他们的翅膀在半空中沙沙的摇响，朵朵的春云跳过来拥着他们的肩背，望着最光明的来处翩翩的，冉冉的，轻烟似的化出了你的视域，像云雀似的只留下一泻光明的骤雨——“Thou art unseen, but yet I hear thy shrill delight”① ——那你，独自在泥涂里淹着，够多难受，够多懊恼，够多寒伧！趁早留神你的翅膀，朋友。

是人没有不想飞的。老是在这地面上爬着够多厌烦，不说别的。飞出这圈子，飞出这圈子！到云端里去，到云端里去！哪个心里不成天千百遍的这么想？飞上天空去浮着，看地球这弹丸在太空里滚着，从陆地看到海，从海再看回陆地。凌空去看一个明白——这才是做人的趣味，做人的权威，做人的交代。这皮囊要是太重挪不动，就掷了它，可能的话，飞出这圈子，飞出这圈子！

人类初发明用石器的时候，已经想长翅膀，想飞。原始人洞壁上画的四不像，它的背上掮着翅膀；拿着弓箭赶野兽的，他那肩背上也给安了翅膀。小爱神是有一对粉嫩的肉翅的。挨开拉斯（Icarus）② 是人类飞行史里第一个英雄，第一次牺牲。安琪儿（那是理想化的人）第一个标记是帮助他们飞行的翅膀。那也有沿革——你看西洋画上的表现。最初像是一对精致的小令旗，蝴蝶似的粘在安琪儿们的背上，像真的，不灵动的。渐渐的翅膀长大了，地位安稳了，毛羽丰满了。画图上的天使们长上了真的可能的翅膀。人

---

① 意为：“我看不到你的形象，但能听见你欢乐的尖声歌唱。”引自雪莱的《致云雀》。

② 通译伊卡洛斯，是希腊神话中代达罗斯的儿子，与代达罗斯使用蜡和羽毛造的翼逃离克里特岛时，他因飞得太高，双翼上的蜡遭太阳融化跌落水中丧生，被埋葬在一个海岛上。

类初次实现了翅膀的概念，深悟了飞行的意义。挨开拉斯闪不死的灵魂，回来投生又投生。人类最大的使命，是制造翅膀；最大的成功是飞！理想的极度，想象的止境，从人到神！诗是翅膀上出世的；哲理是在空中盘旋的。飞！超脱一切，笼盖一切，扫荡一切，吞吐一切。

你上那边山峰顶上试去，要是度不到这边山峰上，你就得到这万丈的深渊里去找你的葬身地！“这人形的鸟会有一天试他第一次的飞行，给这世界惊骇，使所有的著作赞美，给他所从来的栖息处永久的光荣。”啊达文謇！

但是飞？自从挨开拉斯以来，人类的工作是制造翅膀，还是束缚翅膀？这翅膀，承上了文明的重量，还能飞吗？都是飞了来的，还都能飞了回去吗？钳住了，烙住了，压住了——这人形的鸟会有试他第一次飞行的一天吗？……

同时天上那一点子黑的已经迫近在我的头顶，形成了一架鸟形的机器，忽的机沿一侧，一球光直往下注，砰的一声炸响——炸碎了我在飞行中的幻想，青天里平添了几堆破碎的浮云。

赏析

徐志摩是“新月派”的主将，是20世纪20年代文坛十分活跃的诗人。他的诗作充满个性解放和向往自由的展望。

“假如这时候窗子外有雪……”，“假如我能有这样一个深夜……”文章就在这样的假定中展开了，“街上，城墙上，屋脊上，都是雪……棉团似的雪花在半空中跳着玩”，整个的银装素裹，白色的精灵带着生命的气息从深蓝的天幕落下，多么奇妙的景象，我们随着诗人进入了另外一个世界，这雪下得匀称，下得有节奏，纷飞的雪片不止模糊了人们的双眼，也阻隔了城市里的歌谣，撒落在道路上，覆盖在车辙上，充满了整个时空。满眼，满耳，满脑，占满了人的整个心绪，此时的你与这个世界融为一体了……

作者的思绪由曼妙飞扬的雪片回到眼前轻捷的云雀身上，云雀亮亮脆脆的叫声和着“光明的细雨”，人也随着清越的歌声缥缈起来，“勖丽丽的叫响从我们的脚底下匀匀地往上颤，齐着腰，到了肩高，过了头顶，高入了云，高出了云”……“我们”“飞”了起来，这“飞”是“快活的”，是多么奇特的体验！

接着写到了童年记忆里“大鹏”（饿老鹰）的飞，作者的叙述在真实与想象、现实与过去之间来回穿梭。不同于前两种飞的形态，饿老鹰的飞充满了力量，以至感染了“我们”，“背上的小翅膀骨上就仿佛豁出了一锉锉铁刷似的羽毛，摇起来呼呼响的，只一摆就冲出了书房门……”如此迅捷、矫健，真是不飞则已，一飞冲天！“要飞就得满天飞，风拦不住云挡不住的飞”，少年心事当拏云！“不是那在树枝上矮矮的跳着的麻雀儿的飞；不是那凑天黑从堂匾后背冲出来赶蚊子吃的蝙蝠的飞；也不是那软尾巴软嗓子做窠在堂檐上的燕子的飞”，小小的年纪就揣着鸿鹄之志，这是“抟扶摇而上九万里”的大鹏之飞。有气势！

“人们原来都是会飞的。天使们有翅膀，会飞，我们初来时也有翅膀”，人类文明的发展史，就是冲破束缚超越现实追求理想信念的见证史。“但大多数人是忘了飞的”，作者的言语中流露着满满的遗憾，由于现实的种种原因——思想颓唐、追逐利益、不思进取……人类堕落了，“再也飞不回去”，迷失了方向，失掉了“逍遥”，远离了“光明”“哲理”，荒废了理想与信仰，只好拖着沉重的身子，“独自在泥涂里淹着”，这多么可悲！因此，作者大声地疾呼：“飞出这圈子，飞出这圈子！”但是“自从挨开拉斯以来，人类的工作是制造翅膀，还是束缚翅膀？这翅膀，承上了文明的重量，还能飞吗？都是飞了来的，还都能飞了回去吗？……”尽管现实总是给理想以致命性的打击，但是“想飞”仍是诗人的精神支柱、中国未来的希望。

作品

一代人①

顾　城

黑夜给了我黑色的眼睛
我却用它寻找光明

赏析

“黑夜给了我黑色的眼睛”，此中的两个“黑”，颇值玩味。

黑夜是一种令人窒息的特定象征。然而，“黑色的眼睛”无疑是黑夜的叛逆，是黑夜之子，却又是渴求光明的象征。黑色的眼睛是随时准备吸收光明的眼睛。黑色的眼睛凝聚着批判精神，对黑夜报以深沉的否定。黑色是一个终极，它与光明形成了对立。而从黑夜中叛逆出来的黑色眼睛，对于光明有极其强烈的渴求。

诗人自己曾说：“我要寻找跟我的存在完全相反的东西，但我不知道这个东西是什么。我觉得人生来就被注定了，就是你是一个人，一个要吃东西的东西，一个要使用语言的东西，这个是注定了的；这个整个是黑夜，是一个必然；这个无可奈何，你要跟这个较劲，就像你想把眼睛色儿变一变一

① 选自《朦胧诗选》（春风文艺出版社 1985 年版）。顾城（1956—1993），北京人。著有《一代人》《英儿》等。

样；这个是没辙的。

“但是呢？人可生如蚁而美如神。这个‘注定’呢，它可以使你知道另一个东西，跟这完全相反的。

“光明是和黑夜相反的，光明到来黑夜消失；那它光明到来会不会毁灭黑夜包括眼睛在内呢？都有可能。可是还是要去寻找，这就在这个‘却’字了。我当时写它的想法，我这首诗是梦里写的，梦里就听见这么两句诗，我给写在糊墙纸上；白天醒来看见了，但是是什么意思呢，我到现在也不能够全部说出来。”

本诗更多的是对人性中存在的矛盾进行描述。最终的指向是对人的灵魂的终极探寻。诗人自己总结的“人可生如蚁而美如神”，正是对这一探寻的精辟总结。

作品

我在一颗石榴里看见了我的祖国[①]

杨 克

我在一颗石榴里看见我的祖国
硕大而饱满的天地之果
它怀抱着亲密无间的子民
裸露的肌肤护着水晶的心
亿万儿女手牵着手
在枝头上酸酸甜甜微笑
多汁的秋天啊是临盆的孕妇
我想记住十月的每一扇窗户

我抚摸石榴内部微黄色的果膜
就是在抚摸我新鲜的祖国
我看见相邻的一个个省份
向阳的东部靠着背阴的西部
我看见头戴花冠的高原女儿
每一个的脸蛋儿都红扑扑

① 选自《杨克的诗》（人民文学出版社 2015 年版）。杨克，1957 年生，广西人。著有《陌生的十字路》《笨拙的手指》等。

穿石榴裙的姐妹啊亭亭玉立
石榴花的嘴唇凝红欲滴

我还看见石榴的一道裂口
那些餐风露宿的兄弟
我至亲至爱的好兄弟啊
他们土黄色的坚硬背脊
忍受着龟裂土地的艰辛
每一根青筋都代表他们的苦
我发现他们的手掌非常耐看
我发现手掌的沟壑是无声的叫喊

痛楚喊醒了大片的叶子
它们沿着春风的诱惑疯长
主干以及许多枝干接受了感召
枝干又分蘖纵横交错的枝条
枝条上神采飞扬的花团锦簇
那雨水泼不灭它们的火焰
一朵一朵呀既重又轻
花蕾的风铃摇醒了黎明

太阳这头金毛雄狮还没有老
它已跳上树枝开始了舞蹈
我伫立在辉煌的梦想里
凝视每一棵朝向天空的石榴树
如同一个公民谦卑地弯腰
掏出一颗拳拳的心
丰韵的身子挂着满树的微笑

赏析

作为“第三代实力派诗人”的杨克，曾写下《广州》《天河城广场》《石油》《火车站》等诗篇，这些充满现代感的现代场景与现代形象，都表现了他“民间写作”的特点。

这一首《我在一颗石榴里看见了我的祖国》，既是例外，也不是例外。

石榴这个意象，有别于这个以物质和实在为风尚的社会中的其他意象。它源于自然，它带给人的想象，与广场与火车站的嘈杂无关，与石油黑漆漆的外表和实用性无关，它野生而清新（当然也许它是人工种植的，但想象的边界总是不受这种考据的限制），它香甜又清丽。在这个连月亮都只是一颗荒寂的星球的意象荒漠里，这首诗充满芳香，沁人心脾。“硕大而饱满的天地之果”“水晶的心”“酸酸甜甜微笑”“石榴花的嘴唇凝红欲滴”等意象，首先牵动的是人的感官，在“多汁的秋天”里，谁不愿意邂逅这样的一颗石榴呢？

这一首诗歌，又不是诗人“民间写作”作品的例外。

因为在这颗硕大饱满的石榴里，寄寓着一个诗人、一个子民对他的祖国的无限热爱。这份爱，使得这种看似只具有审美功能的意象重又落进抒情大地的怀抱。“在心为志，发言为诗”，在这个美丽的意象之内，闪闪发亮的是一颗纯粹的赤子之心。

读到这首诗是一种幸运吧，它让人能够在胸中涌起爱国情怀之时，又多了一条表达的路径，让深爱自己祖国的中华儿女，多了一种在诗歌的殿堂中共鸣的可能。

稍稍回看，我们便会看到艾青和舒婷的身影。艾青深沉地低吟着“为什么我的眼里常含泪水？因为我对这土地爱得深沉……”，他歌唱的祖国是那个在炮火连天、枪林弹雨中残损的祖国；舒婷也低低地歌唱着“我是你河边上破旧的老水车，数百年来纺着疲惫的歌……是绯红的黎明，正在喷薄”，她歌唱的是那个在贫病交加中逐渐站立起来的祖国。

诗人杨克在一颗石榴中看到的祖国又是怎样的祖国？她是各族人民一家亲的共同的怀抱——“怀抱着亲密无间的子民”“亿万儿女手牵着手”；她如同勤劳坚忍的母亲，拥有勤劳坚忍的儿女——“他们土黄色的坚硬背脊，忍受着龟裂土地的艰辛”“雨水泼不灭它们的火焰，一朵一朵呀既重又轻，花蕾的风铃摇醒了黎明”；她是值得每一个子民为之骄傲自豪的存在，带领我们走向光明的未来——“我伫立在辉煌的梦想里，凝视每一棵朝向天空的石榴树”。

在国力日渐强盛的今天，在我们对祖国的热爱无以言表的时刻，很自然地，也很恰切地，你会想起这一句诗——“我在一颗石榴里看见我的祖国”。

作品

每个人都是一个宇宙[1]

周国平

一

我的怪癖是喜欢一般哲学史不屑记载的哲学家，宁愿绕开一个个曾经显赫一时的体系的颓宫，到历史的荒村陋巷去寻找他们的足迹。爱默生就属于这些我颇愿结识一番的哲学家之列。我对爱默生向往已久。在我的精神旅行图上，我早已标出那个康科德小镇的方位。尼采常常提到他。如果我所喜欢的某位朋友常常情不自禁地向我提起他所喜欢的一位朋友，我知道我也准能喜欢他的这位朋友。

作为美国文艺复兴的领袖和杰出的散文大师，爱默生已名垂史册。作为一名哲学家，他却似乎进不了哲学的“正史”。他是一位长于灵感而拙于体系的哲学家。他的“体系”，所谓超验主义，如今在美国恐怕也没有人认真看待了。如果我试图对他的体系作一番条分缕析的解说，就未免太迂腐了。我只想受他的灵感的启发，随手写下我的感触。超验主义死了，但爱

① 选自《守望的距离》（长江文艺出版社 2015 年版）。周国平，1945 年生于上海，著有《尼采：在世纪的转折点上》《尼采与形而上学》等。

默生的智慧永存。

二

也许没有一个哲学家不是在实际上试图建立某种体系，赋予自己最得意的思想以普遍性形式。声称反对体系的哲学家也不例外。但是，大千世界的神秘不会屈从于任何公式，没有一个体系能够万古长存。幸好真正有生命力的思想不会被体系的废墟掩埋，一旦除去体系的虚饰，它们反以更加纯粹的面貌出现在天空下，显示出它们与阳光、土地、生命的坚实联系，在我们心中唤起亲切的回响。

爱默生相信，人心与宇宙之间有着对应关系，所以每个人凭内心体验就可以认识自然和历史的真理。这就是他的超验主义，有点像主张“吾心即是宇宙”“心即理”“致良知”的宋明理学。人心与宇宙之间究竟有没有对应关系，这是永远无法在理论上证实或驳倒的。一种形而上学不过是一种信仰，其作用只是用来支持一种人生态度和价值立场。我宁可直接面对这种人生态度和价值立场，而不去追究它背后的形而上学信仰。于是我看到，爱默生想要表达的是他对人性完美发展的可能性的期望和信心，他的哲学是一首洋溢着乐观主义精神的个性解放的赞美诗。

但爱默生的人道主义不是欧洲文艺复兴的单纯回声。他生活在19世纪，和同时代少数几个伟大思想家一样，他也是揭露现代资本主义社会异化现象的先知先觉者。每个人都是一个宇宙，但在现实中却成了碎片。“社会是这样一种状态，每一个人都像是从身上锯下来的一段肢体，昂然地走来走去，许多怪物——一个好手指，一个颈项，一个胃，一个肘弯，但是从来不是一个人。”我想起了马克思在1844年的手稿中对人的异化的分析。我也想起了尼采的话：“我的目光从今天望到过去，发现比比皆是：碎片、断肢和可怕的偶然——可是没有人!”他们的理论归宿当然截然不同，但都同样热烈怀抱着人性全面发展的理想。往往有这种情况：同一种激情驱使人们从事理论探索，结果却找到了不同的理论，甚至彼此成为思想上的敌人。但是，真的是敌人吗?

三

每个人都是一个宇宙，每个人的天性中都蕴藏着大自然赋予的创造力。

把这个观点运用到读书上，爱默生提倡一种“创造性的阅读”。这就是：把自己的生活当作正文，把书籍当做注解；听别人发言是为了使自己能说话；以一颗活跃的灵魂，为获得灵感而读书。

几乎一切创造欲强烈的思想家都对书籍怀着本能的警惕。蒙田曾谈到“文殛”，即因读书过多而被文字之斧砍伤，丧失了创造力。叔本华把读书太滥譬作将自己的头脑变成别人思想的跑马场。爱默生也说：“我宁愿从来没有看见过一本书，而不愿意被它的吸力扭曲过来，把我完全拉到我的轨道外面，使我成为一颗卫星，而不是一个宇宙。”

许多人热心地请教读书方法，可是如何读书其实是取决于整个人生态度的。开卷有益，也可能有害。过去的天才可以成为自己天宇上的繁星，也可以成为压抑自己的偶像。爱默生俏皮地写道：“温顺的青年人在图书馆里长大，他们相信他们的责任是应当接受西塞罗、洛克、培根的意见；他们忘了西塞罗、洛克与培根写这些书的时候，也不过是图书馆里的青年人。”我要加上一句：幸好那时图书馆的藏书比现在少得多，否则他们也许成不了西塞罗、洛克、培根了。

好的书籍是朋友，但也仅仅是朋友。与好友会晤是快事，但必须自己有话可说，才能真正快乐。一个愚钝的人，再智慧的朋友对他也是毫无用处的，他坐在一群才华横溢的朋友中间，不过是一具木偶，一个讽刺，一种折磨。每人都是一个神，然后才有奥林匹斯神界的欢聚。

我们读一本书，读到精彩处，往往情不自禁地要喊出声来：这是我的思想，这正是我想说的，被他偷去了！有时候真是难以分清，哪是作者的本意，哪是自己的混入和添加。沉睡的感受唤醒了，失落的记忆找回了，朦胧的思绪清晰了。其余一切，只是死的“知识”，也就是说，只是外在于灵魂有机生长过程的无机物。

我曾经计算过，尽我有生之年，每天读一本书，连我自己的藏书也读不完。何况还不断购进新书，何况还有图书馆里难计其数的书。这真有点令人绝望。可是，写作冲动一上来，这一切全忘了。爱默生说得漂亮：“当一个人能够直接阅读上帝的时候，那时间太宝贵了，不能够浪费在别人阅读后的抄本上。”只要自己有旺盛的创作欲，无暇读别人写的书也许是一种幸运呢。

四

有两种自信：一种是人格上的独立自主，藐视世俗的舆论和功利；一种是理智上的狂妄自大，永远自以为是，自我感觉好极了。我赞赏前一种自信，对后一种自信则总是报以几分不信任。

人在世上，总要有所依托，否则会空虚无聊。有两样东西似乎是公认的人生支柱，在讲究实际的人那里叫职业和家庭，在注重精神的人那里叫事业和爱情。食色性也，职业和家庭是社会认可的满足人的两大欲望的手段，当然不能说它们庸俗。然而，职业可能不称心，家庭可能不美满，欲望是满足了，但付出了无穷烦恼的代价。至于事业的成功和爱情的幸福，尽管令人向往之至，却更是没有把握的事情。而且，有些精神太敏感的人，即使得到了这两样东西，还是不能摆脱空虚之感。

所以，人必须有人格上的独立自主。你诚然不能脱离社会和他人生活，但你不能一味攀援在社会建筑物和他人身上。你要自己在生命的土壤中扎根。你要在人生的大海上抛下自己的锚。一个人如果把自己仅仅依附于身外的事物，即使是极其美好的事物，顺利时也许看不出他的内在空虚，缺乏根基，一旦起了风浪，例如社会动乱，事业挫折，亲人亡故，失恋，等等，就会一蹶不振乃至精神崩溃。正如爱默生所说："然而事实是：他早已是一只漂流着的破船，后来起的这一阵风不过向他自己暴露出他流浪的状态。"爱默生写有长文热情歌颂爱情的魅力，但我更喜欢他的这首诗：

为爱牺牲一切，
服从你的心；朋友，亲戚，时日，
名誉，财产，
计划，信用与灵感，
什么都能放弃。
为爱离弃一切；
然而，你听我说……
你须要保留今天，
明天，你整个的未来，
让它们绝对自由，
不要被你的爱人占领。

如果你心爱的姑娘另有所欢，你还她自由。

你应当知道
半人半神走了，
神就来了。

世事的无常使得古来许多贤哲主张退隐自守，清静无为，无动于衷。我厌恶这种哲学。我喜欢看见人们生气勃勃地创办事业，如痴如醉地堕入情网，痛快淋漓地享受生命。但是，不要忘记了最主要的事情：你仍然属于你自己。每个人都是一个宇宙，每个人都应该有一个自足的精神世界。这是一个安全的场所，其中珍藏着你最珍贵的宝物，任何灾祸都不能侵犯它。心灵是一本奇特的账簿，只有收入，没有支出，人生的一切痛苦和欢乐，都化作宝贵的体验记入它的收入栏中。是的，连痛苦也是一种收入。人仿佛有了两个自我，一个自我到世界上去奋斗，去追求，也许凯旋，也许败归，另一个自我便含着宁静的微笑，把这遍体汗水和血迹的哭着笑着的自我迎回家来，把丰厚的战利品指给他看，连败归者也有一份。爱默生赞赏儿童身上那种不怕没得饭吃、说话做事从不半点随人的王公贵人派头。一到成年，人就注重别人的观感，得失之患多了。我想，一个人在精神上真正成熟之后，又会返璞归真，重获一颗自足的童心。他消化了社会的成规习见，把它们扬弃了。

五

还有一点余兴，也一并写下。有句成语叫大智若愚。人类精神的这种逆反形式很值得研究一番。我还可以举出大善若恶、大悲若喜、大信若疑、大严肃若轻浮。在爱默生的书里，我也找到了若干印证。

悲剧是深刻的，领悟悲剧也须有深刻的心灵。“性情浅薄的人遇到不幸，他的感情仅只是演说式的做作。”然而这不是悲剧。人生的险难关头最能检验一个人的灵魂深浅。有的人一生接连遭到不幸，却未尝体验过真正的悲剧情感。相反，表面上一帆风顺的人也可能经历巨大的内心悲剧。一切高贵的情感都羞于表白，一切深刻的体验都拙于言辞。大悲者会以笑谑嘲弄命运，以欢容掩饰哀伤。丑角也许比英雄更知人生的辛酸。爱默生举了一个例子：正当喜剧演员卡里尼使整个那不勒斯城的人都笑断肚肠的时候，有一个病人去找城里的一个医生，治疗他致命的忧郁症。医生劝他到戏院去看卡里尼的演出，他回答："我就是卡里尼。"与此相类似，最高的严肃往往貌似玩世不恭。古希腊人就已经明白这个道理。爱默生引用普鲁塔克的话说："研究哲理而外表不像研究哲理，在嬉笑中做成别人严肃认真地做的事，这是最高的智慧。"正经不是严肃，就像教条不是真理一样。真理用不着板起面孔来增添它的权威。在那些一本正经的人中间，你几乎找不到一个严肃思考过人生的人。不，他们思考的多半不是人生，而是权力，不是真理，而是利益。真正严肃思考过人生的人知道生命和理性的限度，他能自嘲，肯宽容，愿意用一个玩笑替受窘的对手解围，给正经的论敌一个教训。他以诙谐的口吻谈说真理，仿佛故意要减弱他的发现的重要性，以便只让它进入真正知音的耳朵。尤其是在信仰崩溃的时代，那些佯癫装疯的狂人倒是一些太严肃地对待其信仰的人。鲁迅深知此中之理，说嵇康、阮籍表面上毁坏礼教，实则倒是太相信礼教，因为不满意当权者利用和亵渎礼教，才以反礼教的过激行为发泄内心愤懑。其实，在任何信仰体制之下，多数人并非真有信仰，只是做出相信的样子罢了。于是过分认真的人就起而论究是非，阐释信仰之真谛，结果被视为异端。一部基督教史就是没有信仰的人以维护信仰之名把有信仰的人当作邪教徒烧死的历史。殉道者多半死于同志之手而非敌人之手。所以，爱默生说，伟大的有信仰的人永远被目为异教徒，终于被迫以一连串的怀疑论来表现他的信念。怀疑论实在是过于认真看待信仰或知识的结果。苏格拉底为了弄明智慧的实质，遍访雅典城里号称有智慧的人，结果发现他们只是在那里盲目自信，其实并无智慧。他到头来认为自己仍然不知智慧为何物，说出了那句著名的话："我知道我一无所知。"哲学史上的怀疑论者大抵都是太认真地要追究人类认识的可靠性，结果反而疑团丛生。

赏析

这篇散文选自周国平的散文随笔集《守望的距离》。在文中，作者紧紧围绕着有终极性的人生关怀，虔诚地探索着现代人精神生活中的普遍困惑，并寓哲理于常情中，向我们传达了这样的人生哲理——现实生活中的每个个体，必须具备独立自主的人格，必须拥有一个独立自主的精神家园。每个人都是一个宇宙，但是在现实中却成了碎片。一个人唯有建立自己的人生目标和生活信念，拥有独立自主的精神家园，成为伟大而真正有信仰的人，才能激发个人的天性中蕴藏着大自然赋予的创造力，进而自觉地选择和承担起对他人和社会的责任。作者非常注重精神生活，始终不渝地固守在自己的精神世界里，把精神上的独立追求和自我完善视为人生在世的安身立命之本。作者对人生的思考是独到而从容的，其思考往往体现出多角度性和辩证性，通过形而上的哲学思考来透视形而下的现实人生，对人生的终极意义进行求索与追问。此外，这篇散文语言文采飞扬，笔调清新自然，极富诗意化和哲理性，文字始终弥漫在超脱和从容的氛围中。

切磋琢磨

2020年9月8日，全国抗击新冠肺炎疫情表彰大会在北京人民大会堂隆重举行。中共中央总书记、国家主席、中央军委主席习近平向“共和国勋章”获得者钟南山，“人民英雄”国家荣誉称号获得者张伯礼、张定宇、陈薇颁授勋章奖章。请查阅相关资料，了解他们的事迹，探讨这些人为了自己心中的信仰做了哪些努力，对我们当代中学生有怎样的人生启示。